藏在经典名著里的趣味阅读课

封神演义里的秘密

西岐崛起

布谷童书 编
星筠兔 绘

延边教育出版社
YANBIAN EDUCATION PUBLISHING HOUSE

编　　著：布谷童书
绘　　者：星筠兔
责任编辑：于鸿梅

图书在版编目（ＣＩＰ）数据

封神演义里的秘密.西岐崛起 / 布谷童书编；星筠兔绘.－－延吉：延边教育出版社，2024.5

（藏在经典名著里的趣味阅读课）

ISBN 978-7-5724-3648-2

Ⅰ.①封… Ⅱ.①布… ②星… Ⅲ.①阅读课－中小学－教学参考资料 Ⅳ.①G634.333

中国国家版本馆CIP数据核字(2023)第237865号

封神演义里的秘密·西岐崛起

出版发行：	延边教育出版社		
地　　址：	吉林省延吉市长白山东路98号（133000）		
	北京市海淀区苏州街18号院长远天地4号楼A1座1003（100080）		
电　　话：	0433-2913940　010-82608550	网　　址：	https://www.ybep.com.cn/
传　　真：	0433-2913971　010-82608856	客　　服：	QQ1697636346
印　　刷：	雅迪云印（天津）科技有限公司	开　　本：	710毫米×1000毫米　1/16
印　　张：	7.5	字　　数：	93千字
版　　次：	2024年5月第1版	印　　次：	2024年5月第1次印刷
书　　号：	ISBN 978-7-5724-3648-2	定　　价：	36.00元

如印装质量有问题，本社负责调换

序言

搭建一座桥梁

历史发生在过去，但它和现在紧密相连。我们可以通过历史，了解人类发展的脉络以及万事万物的起源，让自己增长知识，开阔眼界。同时，我们还可以从古人身上学习生存的智慧和为人处世的道理，这对个人的成长也是非常有益的。

而神话是古人对自然界中发生的现象无法解释时，在头脑中幻想出来的，是想象力的产物，人类智慧的结晶。神话中的人物往往具有非同一般的外貌，拥有超乎寻常的力量与威力无穷的宝物，对于想象力丰富、充满好奇心的少年儿童来说，神话具有非凡的吸引力。

那么，如果历史和神话碰撞在一起，会擦出怎样的火花呢？明代的神魔小说《封神演义》为我们提供了一个精彩的答案。

《封神演义》全书共计一百回，主要描写的是武王伐纣的故事。商朝末年，纣王残暴无道，引起天怒人怨。在这样的历史背景下，姜子牙挺身而出，辅佐武王伐纣，展开了一场波澜壮阔的战争。书的前三十回着重写纣王的暴虐，让我们深刻体会到了无道之君的残忍与可恶。而后的七十回则主要叙述了商、周两国的战争。作者在残酷的战争中巧妙融入了大量的神话人物，既有女娲娘娘、姜子牙、哪吒、杨戬等代表正义的"仙",也有通天教主、申公豹、火灵圣母等代表邪恶的"魔",还有九尾狐狸精、玉石琵琶精等为代表的"妖"。这些"仙""魔""妖"的加入,使武王伐纣的历史故事变得更加跌宕起伏,充满了戏剧性和传奇色彩,极大地提升了故事的趣味性和可读性。

《封神演义》的魅力远不止于其精彩纷呈的故事情节和栩栩如生的人物刻画,更在于其深刻的思想内涵和不可替代的文化价值。这部作品不仅是中国古代文学的瑰宝,更是中华民族文化宝库中不可或缺的重要组成部分。它以其独特的艺术形式和深邃的思想内涵,跨越时空,影响着一代又一代的读者,成为中华文化传承和发展的重要载体。

在当今社会,我们依然可以从《封神演义》这部古典文学作品中汲取智慧和启示。它告诉我们:仁爱正义、忠诚勇敢是社会的基石,只有坚守这些价值观,我们才能共同创造一个和谐美好的世界。同时,它也提醒我们,要时刻警惕那些破坏社会和谐、损害人民利益的行为和思想,坚决维护社会的公正和正义。

《封神演义》不仅是一部娱乐性极强的小说,更是一部富含深刻内涵的经典之作。通过阅读这部作品,我们可以了解古代社会的风土人情、政治制度等多方面的知识。更重要的是,我们可以从中汲取到正义、勇敢、智慧等品质的力量,激发我们的爱国情感和民族精神。

然而,《封神演义》原著的语言有时艰涩难懂,不符合孩子的阅读习惯。其中的一些血腥残暴场景,也可能超出了孩子的心理承受能力。因此,我们对其进行了适度的改编,力求保持原著的精髓和风格的同时，让语言更加简洁易懂，情节更加紧凑有趣。在改编过程中，我们删除了原著中一些过于复杂和深奥的内容，保留了那些最具代表性、最引人入胜的章节和情节。此外，为了让《封神演义》与"大语文"课堂学习联系更加紧密，我们还特意添加了一些练习题目，帮助小读者巩固所学内容。此外，我们还增设了知识拓展版块，让小读者在阅读的同时，能够积累更多的国学知识，对中国的传统文化有更进一步的了解。

如果说《封神演义》的原著是一片辽阔深邃的大海，那么，我们所做的适度化改编和新增的版块就如同海面上的朵朵浪花，使整个故事变得更加绚丽多彩、趣味盎然。这样的改编不仅能够激发青少年对古典名著的阅读兴趣，还能帮助他们拓宽知识视野，丰富他们的"大语文"知识体系。

阅读这套焕然一新的《封神演义》，孩子们可以跟随姜子牙、武王等英雄人物一起，经历一场场惊心动魄的战争，见证一个个感人至深的故事；可以看到正义如何战胜邪恶，智慧如何战胜愚昧，勇敢如何战胜恐惧，并从中感受到人性的光辉和伟大，体会中国古代文化的博大精深和独特魅力。

学习任何一门知识，都离不开阅读，阅读能力的培养对于少年儿童的成长尤为重要。但面对浩如烟海的书籍世界，孩子们可能会感到无所适从。我们希望用这套书搭建一座桥梁，引导孩子们欢快地步入书籍的殿堂，进而喜欢上阅读、迷上阅读。

希望这套《封神演义》能够成为孩子们成长道路上的良师益友，陪伴他们度过一个充实而美好的阅读时光。

目录
CONTENTS

第十三回
斩侯虎文王托孤　001

第十四回
武成王怒反商纣　010

第十五回
黄飞虎过关斩将　018

第十六回
张桂芳奉命西征　027

第十七回
姜子牙冰冻岐山　037

第十八回
杨戬智斗魔家四将　046

第十九回
众仙共破十绝阵（上） 055

第二十回
众仙共破十绝阵（下） 064

第二十一回
绝龙岭闻仲归天 073

第二十二回
土行孙归伏西岐 084

第二十三回
太极图殷洪绝命 093

第二十四回
广成子借旗除殷郊 103

第十三回

斩侯虎文王托孤

崇侯虎助纣为虐

比干作为纣王的叔叔,是朝廷重臣,一生为国为民,忠心耿耿,却被妲己设计害死。妲己正得意呢,闻太师班师回朝了。闻太师德高望重,武力值又高,连纣王都怕他。闻太师听说了之前发生的种种,二话不说就要把费仲、尤浑抓起来砍头。他不但废除了妲己发明的种种酷刑,还打算把妲己废掉。纣王好说歹说,总算保住了几人的性命。如果闻太师一直守在朝歌,商朝估计还能延续下去,朝歌才刚刚有了一点儿起色,可惜东海又起了反叛,闻太师只得匆匆忙忙地赶去东海平叛了。

闻太师前脚刚走,纣王后脚就把费仲、尤浑放出来官复原职。他不但更加宠爱妲己,还把原先的酷刑恢复照旧。

忠诚正直的大臣们与纣王离心离德,奸佞小人们却像苍蝇一样围了上来。

这些奸佞小人中除了费仲和尤浑以外，还有北伯侯崇侯虎。崇侯虎助纣为虐，滥杀无辜，危害百姓，像一只大蛀虫，让摇摇欲坠的商朝变得更加破烂不堪。

姬昌讨伐崇侯虎

百姓们苦不堪言，纷纷逃到西岐。姜子牙听说崇侯虎的所作所为后，义愤填膺地对姬昌说："侯爷，崇侯虎这样的人多活一天，百姓们就多受一天的苦。我们应该为了百姓除掉他。"

"可是，我和崇侯虎同是诸侯，怎么能擅自讨伐呢？"姬昌十分为难。

姜子牙耐心地劝解道："除掉崇侯虎是为国除害，救民于水火。如果纣王能够因此幡然悔悟，效仿尧和舜，做一个明君，那么您立下的可是千秋万代的功劳啊！"

姬昌被说动了，决定亲自带兵讨伐崇侯虎。西岐大军一路浩浩荡荡来到崇侯虎的封地崇城。驻守在崇城的是崇侯虎的儿子崇应彪，他血气方刚，天不怕地不怕，听说西岐进犯，立刻率领大军出城应战。但他们哪里是姜子牙的对手啊！几个回合下来，就损兵折将，败得一塌糊涂了。崇应彪见大事不妙，带着残兵败将躲到城中不出来了。

姜子牙想乘胜追击，攻下崇城。姬昌说："崇侯虎虽然作恶多端，但城中的百姓是无辜的，我们贸然夺城，会伤害城中无辜的百姓，岂不是违背了讨伐崇侯虎的初心吗？"

姜子牙被姬昌的仁义之心深深感动，微微一笑说："侯爷不用发愁，只要给崇侯虎的弟弟崇黑虎写一封信，我保证不出几天，崇城自然会不攻而破。"说完，姜子牙写了一封信，劝说崇黑虎大义灭亲，捉拿崇侯虎。随后，大将军南宫适马不停蹄地把信送到曹州，崇黑虎

读完信,在心里盘算起来。

崇黑虎智擒崇侯虎

"姜丞相说的对,我哥哥助纣为虐、残害万民,已经犯下了滔天大罪,引起人神共愤了。恐怕有一天,我们整个崇家都要葬送在他的手里。与其这样,还不如我大义灭亲,最起码还能保住崇家的血脉。"想到这里,崇黑虎心里已经有了主意,他对南宫适说:"请将军回去禀报姜丞相,我一定会亲自押着我哥哥前去请罪。"

南宫适走后,崇黑虎带着兵马来到崇城。崇应彪一看是叔叔来了,心里有了靠山,马上打起精神,和崇黑虎商量退敌的计策。崇黑虎思索了一番说:"姜子牙会仙术,凭我们俩的本事,战胜不了他。这样吧,你给你父亲写一封信,让他回来和我们一起并肩作战,打败姬昌和姜子牙。"

崇应彪不知道这是崇黑虎的计策,立刻给崇侯虎写了一封信。崇侯虎震惊万分,带着三千兵马直奔崇城而来。

崇黑虎和崇应彪在城门迎接崇侯虎,等崇侯虎进门

以后，崇黑虎忽然拔出腰间宝剑，只听苍啷一声，埋伏在门口的刀斧手冲过来，把崇侯虎和崇应彪死死按住。

"崇黑虎，你疯了吗？"崇侯虎瞪着眼睛喊道。

"大哥，你们父子作恶多端，已经引起民愤了。为了我们整个崇家着想，我只能这么做。"崇黑虎红着眼睛，把崇侯虎父子俩押到姬昌和姜子牙面前。姜子牙立即下令，把两人推出去斩首。

就这样，姜子牙用一封信除掉了崇侯虎，避免了一场战争。安顿好崇城的事情以后，姬昌和姜子牙带着大军返回了西岐。可是，姬昌目睹崇侯虎父子斩首时受了惊吓，一直郁郁寡欢，茶不思饭不想的，每天晚上都被噩梦搅得睡不好觉，心神始终不能得到安宁。再加上他已经九十七岁高龄了，一路上风餐露宿，身体早就承受不住了，回到西岐就一病不起。

姬昌托孤离世

这天，天气异常寒冷，厚厚的乌云压得人喘不上气来。姬昌知道自己再也挺不过去了，便把姜子牙叫到跟前。恰好，姬昌的第二个儿子姬发来探望他，姬昌对两人说："虽然纣王昏庸无道，但他终归是君，我们做臣子的如果造反，就是大逆不道。我死后，你们千万不要听信他人的蛊惑，去讨伐纣王。否则，我是不会瞑目的。"

姜子牙不赞同姬昌的说法，而且他下山的目的就是为了伐纣，但眼下不是争辩的时候，于是他答应了姬昌的请求。

"发儿，"姬昌使出全身力气，抓着姬发的手说，"姜丞相是一个可以倚重信赖的人，他和我年纪相仿，你要拜他为亚父，听从他的教导，像孝敬我一样孝敬他。"姬发含着眼泪点点头，转身跪在姜子牙面前，称呼他为"亚父"。姜子牙受宠若惊，赶忙扶起姬发。

看到姬发和姜子牙相处得这么融洽,姬昌终于放心了,淌下一滴热泪,然后慢慢地闭上眼睛,去了另外一个世界。

甲骨文

商朝时期使用的文字,可不是我们现在的汉字,而是甲骨文。甲骨文,就是刻在龟甲或兽骨上的文字。在河南安阳的殷墟遗址出土了许多刻有甲骨文的甲骨,上面的文字内容有的和卜卦有关,有的记载着皇室的日常生活,有的记载着人们打猎、捕鱼的情景,内容十分丰富,是研究商朝文化的重要载体。

尧帝禅让的故事

尧是上古时期的部落领袖,他统一华夏各族,命人根据日月星辰的变化制定历法,确定一年有366天,其中白天和晚上一样长的那天是春分和秋分,白天最长的那天是夏至,夜晚最长的那天是冬至。他看到水患给人们带来灾难,还派禹的父亲鲧(qǔn)治理水患。

总之,尧当政期间采取的一系列措施,都极大地推动了社会的发展。因此,人们对他的评价极高。

尧老了以后,人们推荐尧的儿子丹朱继承他的首领之位。但尧认为,部落首领肩负着所有人的命运,而丹朱性情顽劣,喜欢惹是生非,无法担起这个重任。于是,他拒绝让丹朱继位,而要另外寻找一位德才兼备的人。

后来，尧的一名手下推荐了一个叫舜的年轻人。尧把自己的两个女儿嫁给舜，考察他。这一考察就是二十多年，最终尧确定舜的确像人们说得那样贤德，才放心地让他继位，成为新的部落首领。舜继位以后，勤政爱民，治理水患，颁布法律，重用有才能的人，使部落的发展迈上了一个新的台阶。

像尧这样，在自己生前就把统治权让给没有血缘关系的贤德的人，就叫作"禅让"。尧是中国历史上第一个实行"禅让"的首领。舜年老之后模仿尧，把首领之位禅让给禹。尧和舜在选择继承人的时候，没有任何私心杂念，而是完全为了部落的未来考虑。他们的德行受到天下人的称颂。

你知道吗？

历史上真的有崇侯虎这个人，只不过，崇侯虎并不是他的名字。崇，指的是夏商时代的一个古国，侯是爵位，虎才是他真正的名字。所以，崇侯虎的真实身份是拥有"侯爵"地位的崇国国君。

互动小课堂

1. 给加点的汉字选择正确的读音。

   刽子手　　　　A. guì　　　　B. kuài

   幡然悔悟　　　A. pān　　　　B. fān

2. 根据拼音写出正确的汉字。

   义愤填 yīng_____　　　　奸 nìng_____ 小人

3. 用波浪线～～～在文中画出两个比喻句。

4. 崇黑虎为什么帮助姜子牙捉拿自己的亲哥哥崇侯虎？

   _____

   _____

5. 在对人物进行心理描写的时候，有一种方法叫作"内心独白"，即自己对自己说的话。

   "内心独白"前面一般有很明显的提示语，比如："心里说""心里想""思索起来"等等。在本节故事中，崇黑虎看到姜子牙的信以后，就有一段内心独白，请把它找出来。

   _____

   _____

互动小课堂

参考答案

1. A，B

2. 膺，佞

3. 奸佞小人们却像苍蝇一样围了上来。

   崇侯虎助纣为虐，滥杀无辜，危害百姓，像一只大蛀虫，让摇摇欲坠的商朝变得更加破烂不堪。

4. 因为他想保住崇家的子孙，不被崇侯虎牵连。

5. 姜丞相说的对，我哥哥助纣为虐、残害万民，已经犯下了滔天大罪，引起人神共愤了。恐怕有一天，我们整个崇家都要葬送在他的手里。与其这样，还不如我大义灭亲，最起码还能保住崇家的血脉。

第十四回

武成王怒反商纣

妲己记恨黄飞虎

姬昌去世以后,百官共议,拥立姬发为王(谥号为武王)。那个时候天下只有一个王,就是纣王。姬昌威望再高,也只是诸侯。姬发自立为王,就是公然向纣王示威。大臣们觉得事关重大,纣王却认为姬发只是一个乳臭未干的孩子,成不了气候,继续寻欢作乐。

元旦这天，按照规矩王公大臣的夫人都要进宫向王后朝贺，武成王黄飞虎的夫人贾氏也来了。王后妲己看见贾氏，想起了一件事：

春天纣王在牡丹亭中宴请百官，大家玩得很尽兴，不知不觉到了晚上，都喝得醉醺醺的。忽然，牡丹亭中吹起了一阵妖风，宫中侍从惊恐地喊："有妖精！"黄飞虎转过头，寒气中果然看见一只狐狸伸出利爪扑面而来，情急之下他折断身旁一根树枝就向狐狸抽过去。

那狐狸一下躲过，不但不逃跑，反而尖叫着再朝黄飞虎扑过来。黄飞虎想起北海曾经进贡了一只金眼神鸢，恰好是狐狸的天敌，他立即让随从放出笼子里的金眼神鸢。那金眼神鸢双眼如灯，爪像钢钩，一见到狐狸就飞冲上去，往狐狸身上狠狠地抓了一把，狐狸疼得惨叫一声逃走了。

黄飞虎为这件事沾沾自喜，他哪里知道，那只狐狸是妲己喝醉

酒后现出的原形。妲己被黄飞虎放金眼神鸢抓伤，早就怀恨在心，一直等待着报仇的机会呢。妲己看着贾氏，心想：报仇的机会不就在眼前吗？

妲己设计害贾氏

妲己对贾氏故作亲热，把贾氏骗到摘星楼上，故意让贾氏和纣王相遇。纣王好色，见贾氏长得温婉美丽，就想要和她亲近。贾氏是个高洁忠贞的人，哪里受得了这种侮辱，眼见无处可逃，大骂纣王无道，一跃从摘星楼上跳了下去，摔了个粉身碎骨。

西宫黄妃是黄飞虎的妹妹，和嫂子贾氏的关系十分亲密。黄妃知道贾氏来宫中朝贺，守在西宫门口盼着和嫂子见面，结果却等来了贾氏跳楼身亡的消息。黄妃悲痛欲绝，不顾一切地冲到摘星楼，指着纣王的鼻子破口大骂，还把妲己痛打了一顿。纣王气急败坏，把黄妃一把抓起，扔下摘星楼，活生生地把她摔死了。

一眨眼的工夫，黄飞虎失去了两位亲人。得知消息后，他痛不欲生，带着兄弟和家将冲到午门，要找纣王报仇。

其实，纣王也觉得自己刚才太鲁莽了，正不知道怎样发泄心中的怨气呢。听说黄飞虎来寻仇，他亲自披挂上阵，和黄飞虎大战了一场，结果吃了败仗又逃进了午门。黄飞虎没有追赶，心灰意冷地带领全家反出朝歌，打算投奔西岐。

闻太师班师回朝

黄飞虎是一个忠君爱国的人，怎么会突然造反呢？大臣们都觉得很奇怪，但谁也不敢多问。正在这个节骨眼上，闻太师打了胜仗班

师回朝了,大臣们连忙到午门外迎接,随后一起拜见纣王。闻太师发现黄飞虎没有来,就向纣王问起。纣王撒谎说,黄飞虎的夫人触犯王后,知道自己罪孽深重跳摘星楼谢罪了。武成王的妹妹黄妃不问青红皂白打骂王后,自己在拉架的时候不小心把黄妃推下了摘星楼。总而言之,纣王的意思是:这只是一个误会,黄飞虎因为这件事造反,是大逆不道的。

闻太师板着脸说:"武成王一向忠心耿耿,如果不是被逼到了绝路上,怎么会造反呢?大王,如果您答应赦免武成王的忤逆造反之罪,我就去把他追回来,让他继续效忠商朝。"

黄飞虎家世世代代都是保家卫国的将军,几代人都对商朝忠心耿耿,现在黄飞虎的父亲黄滚还在边关驻守呢。纣王虽说昏庸,但也不愿意真的跟黄家人闹翻,于是马上答应了下来。

黄飞虎陷入险境

黄飞虎带着兄弟、家将和三个年幼的孩子出了朝歌城的西门,快马加鞭往临潼关的方向跑去。临潼关总兵张凤是一员身经百战的老将,黄飞虎正在思考怎样过这一关,忽然,身后传来一阵急促的马蹄声。黄飞虎回头一看,大叫一声:"不好,闻太师追上来了。"

话音还未落,家将们纷纷来报:

"将军大事不好,青龙关张桂芳正率领大军从左侧而来。"

"佳梦关魔家四将从右侧来了。"

前面有临潼关总兵张凤,左、右、后三个方向的追兵也越逼越近。黄飞虎无计可施,看着眼前三个年幼的儿子,心里百感交集。

俗话说无巧不成书,青峰山紫阳洞中的清虚道德真君恰好路过这里。他站在云端看见黄飞虎等人情况危急,便用混元幡(fān)把黄飞虎他们移到了深山里,让闻太师、张桂芳、魔家四将他们扑了个空。

然后，清虚道德真君又用仙术给闻太师传递了一个假消息，说黄飞虎他们杀回朝歌了，闻太师赶忙带着人往朝歌的方向追去。

追兵走后，清虚道德真君又用混元幡把黄飞虎他们送回原地。黄飞虎他们好像刚从醉梦中醒来一样，发现追兵不见了，都不知道是怎么回事，只有内心庆幸吉人自有天相。他们打起精神，来到临潼关。临潼关总兵张凤和黄飞虎的父亲有些交情，黄飞虎把夫人和妹妹被纣王所害的事情告诉张凤，希望他能看在父亲的面子上网开一面。

张凤也知道纣王很昏庸，但他是临潼关的总兵，守住关口是他的职责。他二话不说，举起百炼锤冲过来，要拿下黄飞虎。黄飞虎被逼急了，一剑斩断了百炼锤。张凤逃回关中，气恼地大叫："萧银，我命你夜里偷袭黄飞虎，拿下这些逆贼！"

然而张凤万万没想到，萧银曾经是黄飞虎的手下，受到黄飞虎提拔才当上临潼关副将的。萧银心里对黄飞虎充满了感激，正想找机会报答呢。于是，他乔装打扮通知了黄飞虎，又打开大门，放黄飞虎他们顺利地出了临潼关。萧银担心张凤会追上去，便悄悄埋伏在门外。果然不一会儿，张凤就提着刀追了过来，萧银一戟把他挑到马下，结果了他的性命。

"幡"是什么？

在《封神演义》中，经常出现各种各样的幡，比如女娲娘娘的招妖幡、清虚道德真君的混元幡。那么，"幡"到底是什么呢？

"幡"，实际上就是一种类似于旗子的东西，通常是长条形状的，悬挂在竹竿上。在我国北京、福建等地方，有一种传统的民俗杂技节目名叫"中幡"，就是表演者们依靠娴熟的技艺，舞动大约11米长的旗帜，不但要保证旗帜不落地，还要做出各种高难度的动作，十分考验表演者们的力量和技术。由于"中幡"历史悠久，并且具有很高的艺术价值，因此2006年5月20日，"天桥中幡"被列入国家级非物质文化遗产名录。

托孤大臣——闻仲

纣王的身边有很多老臣，比如商容、比干，但为什么纣王不怕他们，却唯独害怕闻仲呢？这是因为闻仲是托孤大臣，也就是说，纣王的父亲帝乙临死前，把纣王托付给了闻仲。他们的关系就像姜子牙和姬发，虽是君臣，情同父子。

除此以外，闻仲从小在碧游宫学艺，掌握了一身上阵杀敌的本领，并且对纣王十分忠诚，所以纣王对他十分敬重。

网开一面

网开一面这个成语来源于商朝的开创者成汤。相传，成汤是一个非常仁德的人。有一次,他外出打猎,看见有个人正在捕鸟。那个人把林子的四面八方都用网罩起来,并不住地向上天祈祷:"老天爷啊,请你发发慈悲,不要让任何一只鸟从我的网中飞走。"成汤对捕鸟的人说:"你这样早晚有一天会把天下的鸟都捕完的,到那个时候可怎么办呢?"那人觉得成汤的话很有道理,转身问道:"那我应该怎么做呢?"成汤让人拿掉了三面的网,只留下一面网。捕鸟的人正在纳闷,成汤虔诚地祈祷道:"自由自在的鸟儿啊,你们想往左飞就往左飞,想往右飞就往右飞。不听从命令的,就进到我的网中来吧。"

这样做,既让人能捕到鸟,又给了鸟活命的机会,防止赶尽杀绝。这件事传开以后,人们都由衷地赞叹道:"成汤真仁慈啊,连鸟兽都受到了他的恩惠。"

夏朝的最后一个君主夏桀生性残暴、滥杀无辜,使百姓的生活陷入痛苦的深渊。成汤不忍心看百姓们受苦,起兵讨伐夏桀。诸侯们早就听说过成汤的美名,都愿意和他并肩作战。于是,大家齐心合力一起推翻了夏朝,建立了一个新的王朝——商。

后来人们用"网开一面"比喻一个人宽厚仁慈,对犯错的人也能宽大处理。

你知道吗?

黄飞虎死后被封为东岳大帝。东岳大帝是民间传统文化中泰山上的守护神,掌管着世间万物的生死大权,因此受到人们的广泛重视。直到现在,有些地方依然保留着纪念东岳大帝的习俗。

互动小课堂

如果要读懂一篇文章,首先要理清事情发展的顺序。在记叙文中,事情发展的顺序通常是:起因——发展——高潮——结局。

我们按照这个顺序梳理一下《武成王怒反商纣》的故事。起因是武成王用金眼神莺抓伤了妲己;发展是妲己利用贾氏报复武成王,害死了贾氏和黄妃;高潮是武成王反出朝歌,闻太师去追他;结局就是武成王成功过了临潼关。

这样梳理一下,是不是整个故事的思路都清晰了呢?请读一读下面这段话,梳理出起因、发展、高潮、结局。

要不是张宇弄坏我的机器人,我就不会堵着气从图书馆里冲出去,更不会撞倒牛爷爷的自行车,砸伤小美的宠物猫,小美自然也就不会跟我爸爸妈妈告状,害得我被骂一通了。

起因:_____
发展:_____
高潮:_____
结局:_____

参考答案

起因:张宇弄坏了我的机器人。

发展:我生气地跑出图书馆。

高潮:我撞倒了牛爷爷的自行车,砸伤了小美的宠物猫,小美向我的爸爸妈妈告状。

结局:我被爸爸妈妈骂了一通。

第十五回

黄飞虎过关斩将

黄天化下山救父

在清虚道德真君和萧银的帮助下,黄飞虎他们过了临潼关,来到潼关。潼关守将陈桐与黄飞虎本来就有过节,现在更是趁此机会公报私仇。他有一种独门暗器——火龙标,黄飞虎被火龙标打伤,竟然没有了一点气息。他的三个幼子、兄弟和家将们都伤心极了。

这时,一个手提花篮的英俊少年从天而降:"你们不要哭了,我可以救活黄将军。"少年从花篮中取出一粒药丸,放进黄飞虎的嘴巴里。不一会儿,黄飞虎便睁开了眼睛。从众人口中得知正是眼前的小道长救了自己,黄飞虎感激地说:"多谢小道长仗义相救!"

不料,少年跪下说:"父亲,我是您的儿子黄天化呀。"

"黄天化?"众人大吃一惊。黄天化三岁的时候在后花园失踪了,家里人都以为他早已经不在人世。黄天化解释道:"三岁那年,清虚道德真君偶见我聪明伶俐,就收我为徒。这十三年,我一直在紫阳洞中跟着师父修行呢。今天师父知道父亲有难,特意让我赶来救父亲。"

黄飞虎又惊又喜,紧紧地抱住黄天化哭成了泪人。

黄天化替父杀敌

陈桐以为黄飞虎已死,又来叫阵。当他看见黄飞虎神采奕奕地出现在面前时,着实吓了一大跳。

"你中了我的火龙标,应该早就死了呀。"

"小小暗器岂能伤我?陈桐,拿命来!"

黄飞虎冲过去与陈桐交战,陈桐再次使出火龙标。咦,怎么回事?火龙标全都飞进了一个花篮中。

"陈桐,我来收拾你!"黄天化从背上抽出莫邪(yé)宝剑,照着陈桐一指,一道寒光闪过,陈桐从马上跌下来,一命呜呼了。

"十三年不见,没想到我儿子已经练成了这样的神功。"黄飞虎高兴地说,"有你在身边,接下来的路就好走了。"可是黄天化要回紫阳洞向师父交差,不能留下来。他告别父亲和弟弟,依依不舍地走了。黄飞虎他们继续往前走,来到了穿云关。

穿云关的守将陈梧是陈桐的哥哥。陈梧已经知道弟弟被杀的消息,发誓要给弟弟报仇。但是,黄飞虎和家将们个个骁勇善战,偏将贺申担心硬拼不是他们的对手,于是他给陈梧出了个主意。

贾氏灵魂通风报信

陈梧打开关口的大门,热情地迎接黄飞虎他们,还拿出好酒好菜来招待。黄飞虎知道陈桐和陈梧的关系,本来已经做好了大战一场的准备。看见陈梧这样热情,他们心里反而觉得不踏实。陈梧看出黄飞虎的顾虑,主动说:"我弟弟陈桐做事鲁莽,善恶不分,还打伤了黄将军,死有余辜。我今天特意摆下酒宴,就是为了替弟弟赎罪。请各位吃饱喝好暂住一晚,明天再走吧。"

陈梧看上去十分诚恳,黄飞虎他们放下心里的戒备,美美地吃了一顿,天一黑就休息了。

半夜,家将和孩子们都在熟睡。黄飞虎想到这几天的遭遇,心里波涛汹涌,怎么也睡不着,就点亮烛火,在房间里长吁短叹。忽然,一阵怪风打着旋儿从窗外吹进来,旋风的正中心伸出一只手掐灭了烛火。黄飞虎吓出一身冷汗,正要拿剑,一个熟悉的声音响起来:

"夫君不要害怕,我是你的妻子贾氏。我来是要告诉你,陈梧要害你们,赶快带着孩子们离开这里。"

黄滚怒骂黄飞虎

倏的一下,刚刚熄灭的烛火又亮了起来。黄飞虎赶忙把大家叫醒,一群人惊慌失措地走到门口才发现,门已经让陈梧在外面锁上了。他们把门劈开,看见房子四周堆满了柴草,幸亏贾氏提醒,要不然黄飞虎他们全都会被烧成灰烬。

黄飞虎叹了口气,带着一行人逃走。陈梧得到消息,立刻派人追了上来。不过,他根本不是黄飞虎他们的对手,很快就被打败了。

穿云关的前面是界牌关,黄飞虎的三个幼子非常开心,因为界

牌关的守将是黄飞虎的父亲黄滚,是他们的祖父。俗话说虎毒不食子,祖父怎么会为难儿孙呢?大家这样想着,心里顿时轻松起来。

谁知,他们刚到界牌关,就被黄滚的大军团团围住。黄滚老将军气愤地说:"黄飞虎,你不忠不孝,毁了我们黄家几代人打下的基业。你马上束手就擒,跟我去朝歌请罪。"黄飞虎进退两难,呆呆地站在原地。这时,家将黄明大声提醒黄飞虎不要听父亲的话。黄滚急了,劈刀就砍。

黄滚中了计中计

黄明挡住黄滚的刀,朝黄飞虎大喊:"将军快跑!"

黄飞虎带着三个儿子跑了,黄滚气得从马上跌落下来,黄明扶起黄滚,劝道:"我家将军已经没有回头路了,如果您硬要拦他,父子之间一定会有一场大战。您不如现在追上他,假意要和他一起去西岐,然后把他引到府中,等他们放松警惕,再命人一举将他们拿下,岂不省事?"

黄滚一听觉得有道理，就按照黄明说的，把黄飞虎骗到府中，一家人围坐在一起，热热闹闹地吃饭。

黄滚不停地给黄明使眼色，让他采取行动，但黄明一直没有反应。黄滚忍不住了，把黄明拉到一边问："你怎么还不行动？"

这时，士兵突然来报："大事不好，粮草着火了。"

黄明对黄滚说："老将军，粮草已经烧了，纣王是不会放过您的。您还是和我们一起去西岐吧。"

黄滚这才知道中计了。走投无路的他，只好乖乖地跟着黄飞虎他们一起走了。

最后一关是氾水关，守关者韩荣手下有一员大将余化，他的戮魂幡是旁门左道，却十分厉害，黄飞虎和他的儿子黄天禄还有几员大将，都因此被活捉。眼看着亲人都被捉去，黄滚无奈只得带着剩下的两个孙子投降。黄家一行人都成为阶下囚，被押解回朝歌。谁知半路上，哪吒奉师命正等着余化呢。哪吒根本没把余化的戮魂幡放在眼里，几下工夫，就把余化打跑了。随后，哪吒又闯到关内，救出黄飞虎等人，护送一行人出了氾水关到了西岐地界的金鸡岭才告别。

干将和莫邪

干将和莫邪是中国古代的两把名剑。传说春秋时期,吴国有一个著名的铸剑师名叫干将,他铸的剑锋利无比,战斗力十分强悍。有一年,楚王让干将为他铸剑。干将和妻子莫邪花费了三年的时间,铸造了两把剑:一把叫干将,一把叫莫邪。但由于时间太漫长了,楚王对干将非常不满。干将知道楚王这个人性格暴躁、杀戮成性,自己去送剑一定会惹来杀身之祸。于是,他把莫邪剑藏起来,只把干将剑献给了楚王。结果不出所料,楚王愤怒地杀死了干将。干将的儿子长大以后,找到莫邪剑,将楚王杀死,才为干将报了仇。

古代战争中的粮草

俗话说"兵马未动粮草先行",先让士兵们吃饱肚子,才有力气打仗嘛。那么,古时候所说的粮草究竟是什么呢?

其实,"草"指的是草料,是喂马用的。而"粮"指的是士兵们吃的粮食。商朝时期,士兵们的粮食以打猎捕获来的猎物为主。而在谷类食物中,古人打仗时最喜欢带的是小米,因为小米种植广泛,而且容易保存,最适合做军粮了。

古代煮食物的器具

现在我们煮饭有各种各样的锅,那么古代煮饭使用什么样的器具呢?

古时候,煮食物用的器具有鼎、鬲(lì)、釜(fǔ)等。鼎是一种青铜器,有圆形的和方形的。圆形的一般下面有三只脚,方形的一般下面有四只脚。鼎可以用来煮食物,鼎沸这个词表示的就是水在鼎中烧开以后,翻滚沸腾的样子。鼎除了用来煮食物以外,还是祭祀时用的礼器,后来又变成了权力的象征。相传夏禹命人铸造了九个鼎,代表天下九州。成语一言九鼎就是从这里来的,比喻说话很有分量。

三国时期,魏蜀吴三个国家呈现出的局面称为"三足鼎立",这个成语来自三只脚的鼎呈现出来的状态,比喻三方面势力对立的局势。

鬲是一种陶器,形状和圆形的鼎差不多,下面也有三只脚。但和鼎不同的是,鬲的三只脚是中空的,这样的设计可以更快地加热食物。

釜是圆形的,肚子又圆又大,上面收口,两旁有耳,可以让人更方便地把里面的食物倒出来。成语"釜底抽薪"的意思是把燃烧的柴从釜下面拿走,比喻从根本上解决问题。

除了煮饭用的炊具以外,古代也有盛饭用的簋(guǐ)。簋是圆形的,上面有耳,相当于一个大碗,专门盛煮熟的饭。

你知道吗？

黄飞虎是《封神演义》中虚构出来的人物。他不但英明神武，而且满门忠烈，一家人都在武王伐纣的大业中做出了贡献，其中八个人被封了神。因此民间对黄飞虎的评价非常高，很早以前，皮革行业还把黄飞虎奉为祖师爷呢！

互动小课堂

你会因为想不出合适的作文题目而愁眉苦脸吗？现在我就告诉你一种给作文取名字的好方法——内容提炼法。

内容提炼法，顾名思义就是把文章的主要内容提炼出来。首先，要梳理一下文章的主要内容是什么，然后再用简单的一句话把主要内容概括出来，就是一个很好的题目了。《黄飞虎过关斩将》这个题目就是使用内容提炼法取出来的。

这篇故事主要讲了武成王黄飞虎过潼关、穿云关和界牌关的故事。关关难过，但每一关黄飞虎都率众人想方设法安全度过了。大家还齐心协力斩杀了几员守关大将。所以，用一句话概括就是——黄飞虎过关斩将。

这个题目不但高度概括出了整篇故事的内容，而且还写出了闯关路上困难重重，突出了黄飞虎他们的本领。

请仔细阅读下面的短文，使用内容提炼法给它起个标题吧。

今天是妈妈的生日，我和爸爸秘密决定亲自下厨，给妈妈一个惊喜。我负责择菜、洗菜，准备前期工作，爸爸负责煎炒烹炸。"上阵父子兵"可不是吹出来的，我们俩密切配合，一阵乒乒乓乓的紧张工作之后，终于赶在妈妈下班之前，做出了一桌子色香味俱全的美味佳肴。

参考答案

送给妈妈的惊喜

第十六回

张桂芳奉命西征

三员大将归顺西岐

黄飞虎过关斩将，历经磨难，终于来到了西岐。姬发和姜子牙非常隆重地接待了黄飞虎，并封他为开国武成王。从此以后，黄飞虎和纣王彻底决裂了。闻太师想知道西岐下一步会有什么计划，便派大将军晁（cháo）田和晁雷去西岐打探消息。结果，晁田和晁雷中了姜子牙的计策，全都被捉住了。不过，姜子牙并没有惩罚他们，而是说服他们归顺了西岐。有了黄飞虎和晁田、晁雷的帮助，西岐的力量变得更加强大了。

古时候打仗都讲究师出有名。如果西岐没有动静，闻太师就不能贸然讨伐。而黄飞虎和晁田、晁雷归顺西岐，正好让闻太师找到了一个攻打西岐的理由。于是，闻太师立即下令让张桂芳率兵讨伐西岐。

张桂芳带着十万大军到西岐城外叫阵，姜子牙向黄飞虎打听张桂芳的本领，黄飞虎说："他会幻术，只要知道对方的名字，大叫一声'某某某还不下马更待何时！'对方就会从马上跌下来。"

西岐损兵折将

姬昌的第十二个儿子姬叔乾（qián）不相信天底下会有这么厉害的幻术，二话不说提着枪来到城外，但站在他对面的不是张桂芳，而是张桂芳的部下风林。风林会法术，从口中喷出一道黑烟，黑烟化作一张网，朝姬叔乾袭来。姬叔乾还没看清那是什么，一颗碗口大的红珠子突然从网中射出，打中了姬叔乾，姬叔乾惨叫一声摔下马。风林不费吹灰之力就打赢了第一场仗，高高兴兴地回去向张桂芳邀功了。

而西岐这边出师不利，为了鼓舞士气，姜子牙决定亲自带兵出战。张桂芳看见姜子牙，大声斥责道："姜子牙，你本是纣王的臣子，怎么能和反贼一起对付纣王呢？快点投降，我还能替你在纣王面前说几句好话。""张桂芳，良禽择木而栖。现在是你们进犯西岐，那就别怪我们不客气了。"姜子牙挥一挥帅旗，南宫适和黄飞虎便冲了出来，张桂芳和风林赶忙应战。

风林故技重施，用法术捉住了南宫适。张桂芳大叫一声："黄飞虎还不下骑更待何时！"黄飞虎身不由己，一头跌下鞍鞒去。

哪吒下山助周伐纣

黄飞虎的家将周纪见大事不妙,飞马冲来,抡起斧子劈向张桂芳。黄飞虎的两个弟弟趁机把黄飞虎救走了。张桂芳认识周纪,大叫一声:"周纪还不下马更待何时!"周纪扑通一声跌下马,被张桂芳抓回了军营。

战争刚刚开始,西岐就接连损兵折将。张桂芳和风林的法术果然厉害!姜子牙一时想不出破解他们法术的办法,为了避免更多的伤亡,只能无奈地挂出了"免战牌"。这张"免战牌"差点儿让张桂芳笑掉大牙:"哈哈……我还以为姜子牙有多厉害呢,原来是个胆小鬼。"可是张桂芳忘了,天外有天人外有人,虽然姜子牙没有办法破解他的法术,但有人却能对付他。这个人就是曾经大闹东海的小英雄——哪吒。

哪吒的师父太乙真人是姜子牙的师兄,他算出姜子牙有难,就对哪吒说:"时机差不多了,你该下山去帮助你的师叔姜子牙讨伐纣王了。"哪吒学了一身本领,正愁没地方施展呢,师父的话音还没落,他就已经满心欢喜地踩着风火轮出发了。

哪吒大战风林

到了西岐以后,哪吒亮明自己的身份。姜子牙虽然不知道哪吒有什么本领,但他相信师兄的徒弟一定非同一般,于是摘下免战牌,派哪吒出战。

风林见哪吒只是一个十几岁的少年,根本没放在眼里,冲上来和他大战了几个回合。然后,又故伎重施,从口中吐出一股黑烟,那颗红珠子直冲着哪吒的脑门射过去。谁知哪吒不慌不忙,轻蔑一笑说:"邪道小伎俩而已。"随后用手一指,黑烟就灭了。

"胆敢破我的法术!"风林气得满脸通

红,大喊一声,催马杀向哪吒,然而却被哪吒抛出的乾坤圈打中左肩,顿时筋断骨折,差点跌落马下,只得逃回军营。

张桂芳见自己的爱将受伤勃然大怒,厉声问道:"你是谁?报上名来!"

"行不更名坐不改姓,我就是哪吒。"哪吒轻蔑地用火尖枪指着张桂芳,"你就是张桂芳?听说你一喊别人的名字,就能让人坠下马来,小爷我特来会会你!"说完举起火尖枪就朝张桂芳刺去。

哪吒大获全胜

张桂芳急忙应战,三四十个回合下来有些招架不住,于是又用法术,大吼一声:"哪吒还不下轮更待何时!"哪吒却稳稳当当地站在风火轮上,纹丝不动。张桂芳大吃一惊,又叫了一次:"哪吒还不下轮更待何时!"哪吒还是没有反应。

"咦,我这个法术在无数人身上使用过,从不会失灵,遇到哪吒怎么就不灵了?"张桂芳百思不得其解。

哪吒却不耐烦了:"哈……张桂芳,我不想下轮就不下轮,难道听你指挥不成?"哪吒举着火尖枪又扑上去,他的枪像一条银龙,上下翻飞,把张桂芳打得眼花缭乱,浑身冒汗。哪吒觉得没有必要继续纠缠下去了,甩出乾坤圈,打伤了张桂芳的胳膊。张桂芳抱着胳膊狼狈不堪地逃走了。

哪吒得意扬扬地回到军营中,姜子牙纳闷地问:"为什么张桂芳的法术到你身上就不灵了?"

哪吒说:"一般人都是肉体凡胎,张桂芳叫人的名字,会让人的三魂七魄散落,所以人才会落马。而我是莲花化身,全身上下都是莲花,没有三魂七魄,他的法术当然就不灵了。"众人听完,这才恍然大悟。

师出有名

"师出有名"在古代用来表示出兵必须有正当的理由,现在比喻做事有充足的理由。

古人打仗都讲究"师出有名",这样才能获得更多人的支持,也更容易获得胜利。秦朝末年,陈胜吴广起义之前在鱼肚子里塞了一张纸条,纸条上写着"大楚兴,陈胜王"六个字。

由于陈胜、吴广以及他们周围的人都是楚国人,而楚国就是被秦国消灭的。因此,当人们看见这个纸条的时候,都认为是上天让陈胜复兴楚国,做他们的新楚王呢。于是,大家心甘情愿地跟随他,人心很快凝聚起来,才有了陈胜吴广起义的历史事件。这就是"师出有名"的典型例子。

免战牌

古代打仗时,如果有一方要暂时休战,就会挂出一张"免战牌"。在文学作品中,只要有一方挂出"免战牌",那么另一方通常也不会来进攻,好像双方都在遵守一种约定俗成的规矩。但在实际的战争中,"免战牌"的作用可没有那么神奇,除非双方都已经疲惫不堪了想要休息片刻,否则,才没有人理会"免战牌"呢,毕竟打赢战争才是最重要的。

中国传统五色

你发现了吗?《封神演义》中常常出现的颜色有五种:黑、白、青、黄、红,这是因为,这五个颜色是中国传统五色,与五行紧密相连:黑色象征水,白色象征金,黄色象征土,青色象征木,红色象征火。在这个基础之上,人们又赋予了五种颜色不同的寓意。

黑色

黑色是色彩之王,从古至今都占有极其重要的地位。黑色代表庄重、高贵、正直,古时候黑色经常被用在重大的活动中。而在绘画、书法等各种艺术创作中,黑色也备受青睐。

白色

白色是霜和雪的颜色,象征着高洁、纯净、素雅,既可以用在丧礼中表示哀悼,也可以用在婚礼中,表示纯洁无瑕的爱情。

青色

青色是介于蓝色和绿色之间的色彩。古人认为青色是最接近自然的颜色,象征着和平、生命以及希望。古代青铜器上的颜色就是青色,古人也喜欢用青色的布料制作成衣物,穿在身上给人淡雅的感觉。

黄色

黄色来源于大地,而土地是国家的根本,因此黄色表示尊贵、荣耀,是皇室权威的象征。

红色

红色是火焰的颜色。古时候,人们从认识火的那刻起,就开始崇拜红色。热烈炫目的红色会让人联想到跳动的火焰,因此,红色代表活力、热情、喜庆，在中国传统佳节、婚礼等欢庆的场合，红色是最应景的颜色。

你知道吗？

在神话传说中频繁出场的太乙真人，在历史上真的存在！

唐朝末年有一个叫杨肃的人，他的父亲杨安是一位小有名气的大夫。杨肃小的时候，就常常站在父亲身边看他给人治病。父亲一开药方，他就能精准地给病人抓药。他痴迷医学，刻苦研修医术，能解疑难杂症。当时，闽王王审知的夫人得了一种顽疾，杨肃"悬丝诊脉"，药到病除。王审知十分感激，奏请朝廷封杨肃为"太乙真人"。

互动小课堂

1. "晃"是一个形声字，它的声旁是_____，形旁是_____。

2. 你觉得姬叔乾为什么会败给风林？
   _____
   _____

3. 黄飞虎归顺西岐以后，闻太师为什么没有直接攻打西岐，而是要派晃田、晃雷去打探西岐的情况？
   _____
   _____

4. 理清人物之间的关系，可以帮助你更好地理解文章内容。在《封神演义》中，姬昌有一百个儿子（亲生的和收养的都包含在内），你能理清他们之间的关系吗？

   姬昌是伯邑考的_____。
   伯邑考是雷震子的_____。
   雷震子是姬叔乾的_____。
   姬叔乾是伯邑考的_____。
   姬发是雷震子的_____。

互动小课堂

5.统计一下在这个故事中，表格中的每个人胜了几次，败了几次。

姓名	结果	
	胜利	失败
张桂芳		
风林		
哪吒		

参考答案

1. 兆，日

2. 姬叔乾在没有了解对手的情况下就出来迎战，太轻敌了。

3. 因为古代打仗讲究师出有名，没有正当的理由，闻太师不能对西岐开战，所以他先派晁田和晁雷去西岐打探情况。

4. 父亲；哥哥；弟弟；弟弟；哥哥

5. 张桂芳：胜2次，败1次；风林：胜2次，败1次；哪吒：胜2次，败0次。

第十七回

姜子牙冰冻岐山

九龙岛四圣助纣为虐

张桂芳征讨西岐,拉开了西周与商纣大战的序幕。哪吒破了张桂芳和风林的法术,众人都十分高兴,但姜子牙却想,朝歌肯定还会再派这种会异术的人来,到时候该怎么办呢?于是姜子牙到昆仑山向师父元始天尊求助。元始天尊说:"西岐之主是有德之人,自有高人相助。我有更重要的事情交代:你到岐山建一座封神台,把封神榜挂在上面,等战争结束后,替我完成封神大业。"说完,元始天尊让南极仙翁把封神榜交给姜子牙,打发他下山去了。

姜子牙下山后,命人在岐山造封神台,又聚集众将趁夜偷袭张桂芳大军,张桂芳溃逃。闻太师听到消息,从西海九龙岛请来了四位道人。这四个人一看就不简单:王魔面如满月,脸色却煞白,骑着神兽狴(bì)犴(àn);杨森的脸黑得

像锅底,却留着一把火红的胡子,骑的是神兽狻(suān)猊(ní);高友乾面如蓝靛,一头火红的头发格外显眼,骑着一只花斑豹;李兴霸的脸色像熟透的大红枣,胡须长长的,坐骑是狰(zhēng)狞(níng)。

他们四人不用动刀动枪,骑着四头神兽往西岐的大军前面一站,西岐的战马就腿脚发软,像烂泥一样瘫软了下去,连姜子牙都从马上狠狠摔了下来。

老将军鲁雄主动请缨

这仗可怎么打呀?姜子牙无奈之下,只得再上昆仑山求助,这一回,元始天尊把杏黄旗、打神鞭,还有自己的坐骑四不相传授给了姜子牙。

姜子牙骑着四不相,在回西岐的路上收了龙须虎为徒。回到西岐后,他率领哪吒、黄飞虎、龙须虎出城应战,双方短兵相接,姜子牙他们很快就败下阵来。不过,元始天尊说的没错,在危难时刻,文殊广法天尊、哪吒的两个哥哥金吒和木吒,都来帮忙了。大家齐心协力除掉了那四个凶神恶煞般的道人。

远在朝歌的闻太师得到消息以后,只好重新点兵点将。这时,一位白胡子老将军站出来,正气凛然地说:"太师,末将愿意领兵讨伐西岐。"闻太师一看是年纪老迈的将军鲁雄,心中十分感动。鲁雄虽然年迈,却是将帅之才,明白天时地利人和的战场决胜之理。但再好的将军也需要有人做参谋,闻太师把朝中的人在脑海中过了一遍,忽然想到了费仲和尤浑。这两个人脑瓜灵活,平时鬼主意最多。闻仲决定让他们做参军,跟随老将军鲁雄一起出征。

费仲和尤浑在宫里生活得逍遥自在又轻松,当然不愿意风餐露

宿地去打仗了。可闻太师发话了，连纣王也不敢反驳，他们只能乖乖地跟着鲁雄出发了。

鲁雄嘲笑西岐兵

夏末秋初，正是一年当中最酷热的时候。姜子牙在岐山上建好封神台，挂上封神榜，正在琢磨祭台的事，探子来报："七十里外，有一支商纣的大军正朝西岐挺进。"姜子牙看了看头顶上热辣辣的太阳，下令让武吉和南宫适带着五千人马，驻扎在岐山的山顶上。

武吉和南宫适惊讶得说不出话来。山顶上没有树木遮阴，又远离水源，士兵们又热又渴，怎么受得了呢？他们不明白姜子牙为什么要这么做，但军令如山，只得照办。

和武吉、南宫适同样吃惊的还有老将军鲁雄。鲁雄身经百战，早就把军营驻扎在岐山脚下的茂林深处了。当他看见西岐的士兵出现在山顶上时，哭笑不得："这么热的天驻扎在山顶上，不是自取灭亡吗？"

的确，山顶上的西岐士兵热得浑身冒汗，嗓子眼里、头顶上都快冒烟了。南宫适和武吉在心里盼望着姜子牙能够改变命令。第二天，他们真的把姜子牙盼来了。

姜子牙冰冻岐山

姜子牙不但来了，还带来了一车一车的物资。南宫适和武吉以为是防暑降温的东西，没想到车上拉的是厚厚的棉袄和遮挡风雪的斗笠。

"武吉、南宫适，"姜子牙说，"快让士兵们来领东西，每人一件棉袄、一个斗笠。"

"丞相，光着身子都快热死啦！"

"哪有七月穿棉袄的？！"

武吉和南宫适丈二和尚摸不着头脑，姜子牙笑着说："很快就派上用场了。"

士兵们疑惑不解地领完棉袄和斗笠，姜子牙走到一个高台上，挥舞着手中的剑，念起了咒语。

霎时间狂风大作，士兵们激动地喊："有风了，凉快了。"

鲁雄也非常高兴："你们看，我们一出兵，酷热难耐的天气转眼就凉爽了。"

"是啊，是啊，纣王洪福齐天，连老天爷都来相助。"费仲和尤浑激动地叫起来。

大风刮了三天三夜，天气越来越冷，不一会儿竟然下起了鹅毛大雪，冻得商纣大军浑身发抖。而他们出发的时候，只带了夏天的衣物，只能一件一件胡乱地往身上套。

西岐的士兵这时才知道姜子牙的良苦用心，穿好棉袄，戴好斗笠，等着看好戏。

雪越下越大，不知不觉，山脚下的雪竟然有四五尺深了。

姜子牙又用法术让雪过天晴，火炉一般的太阳在空中一晒，积雪立刻融化成水，把山脚下变成了一片汪洋。这时，姜子牙又让天气变得奇冷无比，整座岐山眨眼间被冰冻起来。姜子牙说："时机已到，武吉、南宫适，现在去打扫战场，把敌将捉来。"

武吉和南宫适兴冲冲地带兵下了山，发现商纣的士兵都被冻在冰中，一大半士兵已经没了气息。将领鲁雄和参军费仲、尤浑已经被冻僵，但还没有断气。武吉和南宫适把他们三个带到岐山上。姜子牙收了法术，云开雾散，烈日当空，冰迅速融化成水流进了河中。

费仲和尤浑恶贯满盈，坏事做尽，天下人对他们恨之入骨，姜子牙想给众人一个交代。于是，他特意把姬发请到岐山上，当着文武百官的面，斩了费仲、尤浑和鲁雄，为天下的百姓出了一口恶气。

龙生九子,各有不同

在《封神演义》中,王魔和杨森的坐骑狴犴、狻猊,都是龙的儿子。传说龙有九个儿子,每一个不论是性格,还是长相,都不一样。

老大囚牛:龙头蛇身,性情温和,喜欢音乐,因此常常出现在琴头上。

老二睚(yá)眦(zì):豺身龙首,喜欢杀戮,所以古代兵器上常常见到它。

老三嘲风:像一只小兽,喜欢站在高处眺望,所以人们把它的形象立在殿角作装饰。

老四蒲牢:个头很小,喜欢大喊大叫,大钟上的提纽就是它。

老五狻猊:外形像狮子,喜欢静静地欣赏烟火,因此在佛座或香炉脚上常常可以看到它。

老六赑屃(bì xì):外形像乌龟,喜欢驮重物,人们常说"神龟驮碑",碑下的龟就是它。

老七狴犴(bì àn):像一只猛虎,喜欢断案,古代官衙的大堂两侧匍匐的就是它。

老八负屃(xì):外形像龙,喜欢文字,常盘绕在石碑顶上。

老九螭(chī)吻:龙头鱼身,喜欢吞火降雨,成为殿脊两端的吞脊兽。

四不相和四不像

四不相和四不像是两种完全不同的东西,四不像又叫麋鹿,它上面是马头鹿角,下面是牛蹄,后面还长了个驴尾巴,所以叫四不像。而四不相是神话传说中元始天尊的坐骑。传说四不相的外形结合了龙、凤、麒麟、乌龟的特征,能腾云驾雾,霸气十足、威武不凡,而且非常有灵性。

你知道吗？

南宫适在历史上确有其人。他是周朝的开国元勋，无论是在营救姬昌的时候，还是在后来武王伐纣的战争中，都发挥了极其重要的作用。推翻商纣以后，南宫适奉命拆除鹿台，把鹿台上的财物都分发给穷苦的百姓。

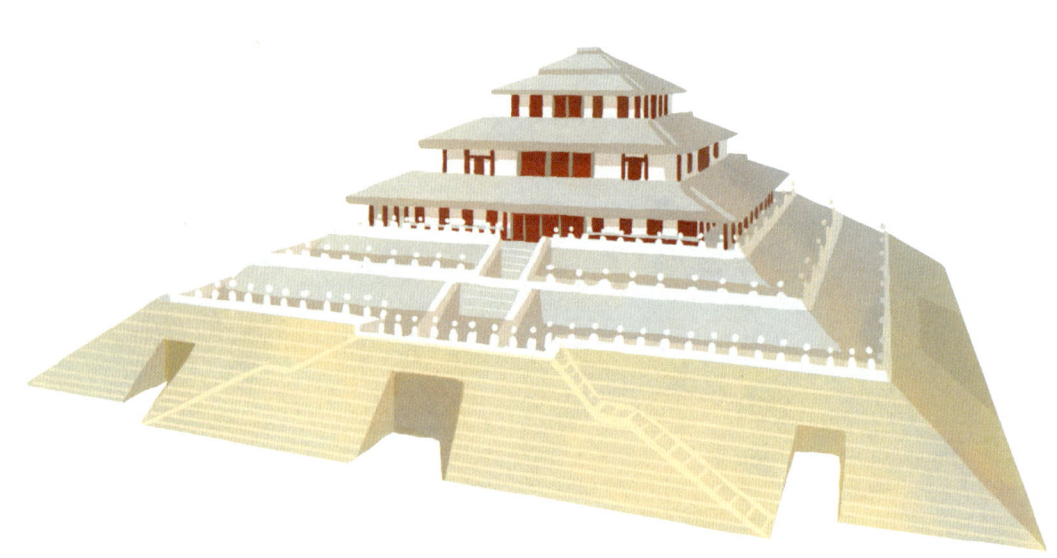

互动小课堂

亲爱的小读者，你阅读文章的时候，有没有出现过这样的情况：1. 非常顺畅地读完了一篇文章，却抓不住主要信息，做阅读理解题目的时候脑袋空空如也。2. 明明已经读过的文章，脑海中却没有留下一点印象。3. 同一篇文章，别人读了趣味十足，自己却提不起兴趣。

如果你遇到过以上几种情况，说明你的阅读方法需要提升啦。现在我就教给你们一种非常好用的阅读方法——带着问题阅读。以我们刚刚读到的这篇《姜子牙冰冻岐山》为例，看到题目的时候，我们就要动脑筋想一想：姜子牙为什么要冰冻岐山？他是怎样冰冻岐山的？

到了正文部分，第一段把闻太师请来的四位道人描述得很厉害的样子，那么，他们究竟有什么样的本领呢？这又是一个问题。

这些问题就像一个个小钩子，勾着我们不由自主地往下读。当你找到一个个答案的时候，就会惊讶地发现，整篇文章轻轻松松就读完了，而且你已经对文章的主要内容掌握得非常清楚了。

下面请你认真思考一下，当你读到姜子牙在酷热的天气里，给士兵们发棉袄时，你会提出哪些问题呢？

参考答案

姜子牙为什么在这么热的天气里，给士兵们发棉袄呢？

接下来姜子牙会使用什么样的方法对付敌人呢？

第十八回

杨戬智斗魔家四将

魔家四将奉命出战

姜子牙冰冻岐山,让殷商大军损失惨重。闻太师意识到姜子牙道行不浅,又有高人相助,一般人对付不了他,于是派出了驻守在佳梦关的魔家四将。

魔家四将个个身怀绝技,老大魔礼青有一把青云剑,青云剑能呼风造火,眨眼间就能把敌人杀得片甲不留;老二魔礼红有一把混元珍珠伞,混元伞上镶有各种碧玉珍珠,打开便能让日月暗淡、天旋地动;老三魔礼海有一把碧玉琵琶,琵琶上四根弦按"地、水、火、风"排布,拨动琴弦就如青云剑一样,使得风火齐来;老四魔礼寿袋子里有一只花狐貂,个头像小白鼠,放出来却变成白象那么大,长了一双翅膀能飞,会吃人。

这四兄弟平时驻守在佳梦关,如果没有遇到特别难以对付的敌人,闻太师不会轻易派他们出兵。

"大哥,这次闻太师让我们去对付谁?"魔礼红、魔礼海、魔礼寿齐刷刷地看着魔礼青。魔礼青把闻太师送来的公文放在桌子上,轻蔑地说出了三个字:"姜子牙。"

"姜子牙?听说他修行了四十年,把自己修成了一个老头儿也没能成仙。"

"没错,对付他简直易如反掌。"

"闻太师高看他了,哈哈……"

西岐大军遭遇惨败

魔家四将带着大军,雄赳赳、气昂昂地来到西岐城外,魔礼红质问道:"姜子牙,你身为臣子,不知道安守本分,却唆使西岐接纳叛臣,败坏朝廷法纪,还肆意杀害朝廷大将、官员,令西岐犯下反叛大罪!"姜子牙反驳道:"不是西岐发动叛乱,是商纣屡次征讨西岐,只是打不过我们而已。你们魔家四将这次恐怕也要认栽了。"

魔家四将气得哇哇乱叫,愤怒地冲了上来,和姜子牙他们展开了一场激烈的战斗。哪吒对战魔礼海,只见他取下乾坤圈,照着魔礼海就扔了过去。魔礼红见状,赶忙跳出阵外打开了混元珍珠伞。伞轻轻一转,哗啦啦,把哪吒的乾坤圈、姜子牙的打神鞭,还有金吒使出的遁龙桩全都收走了。魔礼青、魔礼海和魔礼寿见状,也都各自使出自己的宝贝。青云剑和碧玉琵琶呼风催火;混元珍珠伞加速

旋转,山摇地动;花狐貂变成"飞象",逮人便吃。整个战场瞬间变成了人间地狱,西岐的官兵们在一片烈火黑烟中惨叫着,有的被火烧死,有的被刀剑砍死,有的被花狐貂吃进了肚子里,死伤无数。

魔家四将围困西岐

这一战,让西岐损失了一万多名士兵,姬昌的六个儿子,还有三名副将也都阵亡。姬发和姜子牙心痛不已。

第二天,魔家四将又来攻城了。姜子牙挂出了免战牌,但魔家四将杀气重重,才不管什么免战牌,命令士兵强行攻城。姜子牙派黄飞虎、哪吒、金吒、木吒带领没有受伤的士兵们死死守住。魔家四将攻了三天,没有任何进展,便改变策略,把西岐围了个水泄不通,想把姜子牙他们困死在西岐城,等城内粮草用完,西岐城不攻自破。就这么过了两个月,魔家四将等不及了,他们带领的十万将士也得耗费粮草呀。于是他们又祭起法宝,想直接把西岐城铲平。姜子牙只好借来北海的海水,罩住西岐,这才没有让西岐受到魔家四将的伤害。但西岐城中的粮草快要用完了,姜子牙正在着急,道行天尊派弟子送来粮草,顿时解了燃眉之急。

不知不觉,双方已经僵持了将近一年。这天姜子牙正和黄飞虎商量解围的办法,来了一位陌生的年轻道人。他见到姜子牙后,彬彬有礼地自我介绍道:"拜见师叔,我是玉泉山金霞洞玉鼎真人的徒弟杨戬(jiǎn),前来帮助师叔解围。"姜子牙如获至宝,立即摘下免战牌,派杨戬出战。

杨戬变成花狐貂

杨戬一个人来到城外，魔家四将顿时来了精神，把杨戬团团围住。双方激战了片刻，魔礼寿使出花狐貂，花狐貂一口就把杨戬吞进了肚子里。魔家四将欢天喜地带着花狐貂回到军营，他们做梦也没想到，杨戬会七十二般变化，他进入花狐貂的肚子里，捏爆花狐貂的心脏，自己变成了花狐貂的模样。

晚上，魔家四将又派花狐貂去吃姜子牙和姬发，杨戬趁这个机会回到西岐军营，变回了原来的模样。姜子牙看见杨戬死而复生，激动得两眼放光。杨戬得意地说："魔家四将现在还不知道花狐貂是我变的呢！"姜子牙满意地点点头："好啊好啊！杨戬，你既然有这样的本领，就去把魔家四将的法宝偷出来吧。"

"遵命！"杨戬变成花狐貂回到魔家四将身边，此时魔家四将喝醉了酒，早已经睡着了。青云剑、混元珍珠伞、碧玉琵琶就挂在一根绳子上。杨戬用手去拿混元珍珠伞，不料青云剑和碧玉琵琶掉在地上，发出了一声巨响，惊动了魔礼红。

魔家四将接连丧命

杨戬不敢再轻举妄动，只把混元珍珠伞拿走交给姜子牙，随后又变成花狐貂的模样回来了。魔家四将发现莫名其妙丢了一件法宝，心里正在郁闷，忽然听见营帐外有人叫阵。他们出去一看，是一个十几岁的少年。

"你是谁？"魔家四将问道。

少年意气风发地说："我是青峰山紫阳洞清虚道德真君的徒弟，开国武成王的儿子黄天化，今天要你们四个人的小命！"

原来，黄天化是奉师父之命，下山助周伐纣的。临行前，清虚道德真君送给黄天化一样法宝——攒（zǎn）心钉。魔礼青、魔礼红、魔礼海还没来得及使出法宝，就被攒心钉打中，丢了性命。魔礼寿不知道花狐貂是杨戬变的，伸手去袋子里拿花狐貂，却被花狐貂把手咬了下来。魔礼寿疼痛难忍，又被黄天化用攒心钉打中，气绝身亡了。

杨戬和黄天化立了大功，解除了西岐的困境。黄天化和黄飞虎父子团圆，西岐上下一片喜气洋洋。

商朝为什么叫殷商?

商朝起源于一个叫作商的部落,始祖名叫契。夏朝的最后一个帝王夏桀十分残暴,契的后代汤推翻了夏桀,建立了商朝。商朝建立后,都城经历了很多次迁移,直到后来迁移到殷,才稳定了下来。殷作为商朝的都城长达273年,在商朝的历史发展中起着至关重要的作用,因此人们也把商朝叫作殷商。

魅力数字——四

自古以来,有许多东西都是四个成组出现的。比如《封神演义》中的四个道人、魔家四将等。除此以外还有:

四大名著——《西游记》《三国演义》《水浒传》《红楼梦》

文房四宝——笔、墨、纸、砚

四大发明——造纸术、指南针、火药、活字印刷术

四大美女——西施、貂蝉、王昭君、杨贵妃

四书——《大学》《中庸》《论语》《孟子》

四君子——梅、兰、竹、菊

你还知道哪些事物是四个一组的吗?

杨戬和二郎神是同一个人吗?

《封神演义》中的杨戬和《西游记》中的二郎神,都有三只眼,都会七十二般变化,而且都有一只哮天犬。那么,杨戬和二郎

神是同一个人吗？

二郎神是民间供奉的神灵，他的原型是一位治水英雄。从唐朝开始，民间就开始供奉二郎神了。而杨戬是《封神演义》的作者许仲琳根据二郎神的形象，衍生出来的人物。不过，因为《封神演义》流传太广，并且书中对于杨戬这个人物的塑造深受大众的喜爱，于是，人们就把杨戬和二郎神看作了同一个人。

有关二郎神的传说故事非常多，流传最广的是二郎神担山赶太阳的故事。

传说很久很久以前，天上有十二个太阳，它们同时出现在天上，晒得大地上的植物全都枯死了，动物们饥渴难耐，也都热死了。人们也像生活在油锅里一样，痛苦难熬。二郎神看到人间的疾苦以后，带着哮天犬去捉拿太阳。可是狡猾的太阳看见二郎神，掉头就跑。二郎神刚刚追上去，太阳又从他身边绕到身后，往相反的方向跑去。二郎神累得满头大汗，却一个太阳也捉不住。后来，他想到一个好办法：拔出一棵大树作扁担，扁担两边各挑着一座山。这样，他追上太阳的时候，太阳就没办法溜走了。他用这样的办法捉住了十一个太阳，把它们压在大山下边，只留下一个太阳照耀人间，让人们享受光明和温暖。

你知道吗？

相传闻太师带兵打仗的时候，为了让士兵们能随时补充能量，把炒熟的谷物和糖混合做成糖饼，随军携带。这种糖饼带着甜味，受到大家的喜爱，在民间流传开来，又称为"太师饼"。这个太师饼就是月饼的老祖宗。因此，人们把闻太师奉为糕点行业的祖师爷。

互动小课堂

1. 根据拼音，写出正确的汉字。

（qián kūn）_____ _____ 圈　　　打神（biān）_____

心急如（fén）_____　　　轻举（wàng）_____ 动

2. 写出魔家四将各自拥有的法宝。

魔礼青：_____

魔礼红：_____

魔礼海：_____

魔礼寿：_____

3. 从一个人的行为，可以判断出他有怎样的性格。请根据杨戬的表现，写出相应的性格特征。

杨戬假装被花狐貂咬住，趁机杀死花狐貂，变成花狐貂的样子，说明他_____。

盗取法宝时，不小心惊醒了魔礼红，杨戬没有继续盗取法宝，只拿走了混元珍珠伞，说明他_____。

杨戬变成花狐貂一直跟在魔礼寿旁边，最后抓住时机咬伤了魔礼寿，说明他_____。

参考答案

1. 乾坤，鞭，焚，妄
2. 青云剑、混元珍珠伞、碧玉琵琶、花狐貂
3. 机智、勇敢；谨慎；有耐心、有魄力

第十九回

众仙共破十绝阵（上）

姜子牙失魂落魄

魔家四将战败而亡的消息传到朝歌，闻太师勃然大怒，亲自率领三十万大军讨伐西岐，双方展开一场大战。杨戬趁着夜色一把火烧了闻太师的粮草，闻太师仓皇出逃到金鳌（áo）岛上。

他从岛上找来十个帮手，摆了一个十绝阵。"十绝阵"由"天绝阵""地烈阵""风吼阵""寒冰阵""金光阵""化血阵""烈焰阵""落魂阵""红水阵""红砂阵"十个阵法组成。

光听名字就知道"十绝阵"绝对非同一般，西岐的将领们束手无策，都在眼巴巴地等着姜子牙拿主意呢。可是，不知道怎么回事，姜子牙突然变得目光呆滞、反应迟钝，不管别人说什么，他都点头说"嗯"，好像一个木头人。又过了几天，他躺在床上一动不动，呼吸也消失了。

众人以为姜子牙去世了，急得失声痛哭。这时，姜子牙的师兄赤精子来了："你们先别哭，姜子牙没有死，只是被人摄去了魂魄，我立刻去把他的魂魄找回来。"

赤精子夺回姜子牙的魂魄

赤精子来到岐山，发现整座山都被十绝阵散发出来的雾气笼罩着，黑压压得让人喘不过气来。他来到十绝阵上空，看见"落魂阵"

中有一个和姜子牙样貌相似的稻草人，道士姚斌正对着稻草人施法，摄取姜子牙的魂魄。

"原来是这个家伙拿走了姜子牙的魂魄。"赤精子飞身下来，去抢稻草人，姚斌手疾眼快，护住稻草人，反手撒出一把黑砂，打掉了赤精子脚下踩的莲花，幸亏赤精子跑得快，要不然他就出不了"落魂阵"了。

赤精子吓出一身冷汗，决定去向老子请教破解"落魂阵"的方法。老子是阐教的掌教大老爷，神通广大。他送给赤精子一幅太极图，赤精子拿着太极图重新回到"落魂阵"中，这一次，他顺利地抢回了姜子牙的魂魄，可是太极图却不慎落入阵中，被姚斌拿走了。

赤精子把魂魄放回姜子牙的身体中，姜子牙苏醒过来。看见赤精子还在为太极图遗落敌阵的事闷闷不乐，姜子牙安慰他："这十绝阵确实厉害，师兄不必为难，我们召集道友，共同破了这十绝阵。"

文殊广法天尊破"天绝阵"

姜子牙在西岐的城门外搭起一个芦篷，招揽可以破十绝阵的高人。很快惧留孙、广成子、太乙真人、灵宝大法师、文殊广法天尊、普贤真人、慈航道人、燃灯道人等身怀绝技的神仙们都从四面八方赶过来了。

燃灯道人说："十绝阵我们要各个击破，先从'天绝阵'开始。'天绝阵'的布阵人是秦完，谁愿意去会会他？"

"我来！"文殊广法天尊飘飘然飞到"天绝阵"中，秦完二话不说，摇动起幡来，霎时间阵中雷声阵阵。要是换作普通人，早就被震为灰尘，但文殊广法天尊却丝毫不惧。只见他脚下生莲，连口中也吐出一朵金莲，左手指间泄下五道白光，白光触地向上，顶端又生出一朵莲，莲上有五盏金灯，为他引路。莲花和白光护住了他，任凭阵中雷声轰鸣、飞沙走石，他都丝毫不惧。

"啊！这是怎么回事？"秦完正在纳闷，文殊广法天尊把遁龙桩往空中一抛，秦完就动弹不了了。随后文殊广法天尊一剑斩杀秦完，破了"天绝阵"，打了一个开门红。

众仙合力破三阵

接下来，是第二阵——"地烈阵"。守阵的人名叫赵江。赵江有一把"五方幡"，摇一摇就能引来霹雳，燃起熊熊大火，眨眼间把人烧成灰烬。

"谁能破了'地烈阵'？"燃灯道人话音刚落，惧留孙微微一笑说："各位道友，这一阵就交给我吧。"

惧留孙跳入阵中，赵江摇动"五方幡"，把惧留孙困在火海之中。惧留孙使法术先变出祥云罩子罩住自己，把火挡在了外面。接着，惧留孙扔出捆仙绳，把赵江死死捆住，像老鹰捉小鸡一样，把赵江带到芦篷，狠狠往地上一摔，摔得赵江七窍喷火，"地烈阵"随之土崩瓦解。

两阵连破，但接下来的"风吼阵"却让大家犯了难。"风吼阵"，顾名思义是用风做武器的，但这不是普通的风，而是地风、水风、火风融为一体，就算是神仙，也抵挡不住。如果想破"风吼阵"，必须要用九鼎铁叉山八宝云光洞中的定风珠。

姜子牙让散宜生和晁田去九鼎铁叉山八宝云光洞，借来了定风珠。慈航道人拿着定风珠来到"风吼阵"中，只见守阵人董全晃动手中的黑幡，卷起阵阵狂风，风中射出千千万万的刀戈利刃。可是那些兵刃到了慈航道人跟前，只围绕着他转圈，却丝毫伤不到他。原来，慈航道人把定风珠祭到了头顶上。

董全见此情景惊诧不已,这时慈航道人把清净琉璃瓶祭到空中,瓶口翻转向下,冒出一股黑气,呼的一下把董全吸了进去。

"寒冰阵"的守阵人袁角见昔日的好朋友一个个被打败,沉不住气了,大声吼道:"谁敢来我的'寒冰阵',我定要让他碎成冰碴!"

"袁角休要张狂!"普贤真人大叫一声来到阵中。袁角气势汹汹地晃动黑幡,一座巨大的冰山从天而降,冲着普贤真人砸过来。普贤真人用手向上一指,一道白光中,在他的头顶上生出一朵祥云,有数丈高。祥云周边有八角,每个角上一盏金灯,冰山一遇到金灯便消融不见。袁角见阵法已破想要逃走,却被普贤真人用吴钩剑刺中,一命呜呼了。

神话传说中的老子

在刚刚读的故事中,一个熟悉的名字——老子,出现在了我们眼前。他和春秋时期著名的思想家、教育家、文学家是同一个人吗?

没错,他们是同一个人!老子,姓李,名聃(dān),学识渊博,文学造诣和对世界的领悟能力都非常高超。他的著作《道德经》,又称《老子》,对全世界都有深远的影响。他还是道家学派的创始人。

正因为老子太了不起了,人们逐渐将他神话,传说他是太上老君的化身,还编出了很多和他有关的神话故事。

古代打仗如何排兵布阵

古代打仗讲究排兵布阵。排兵布阵,就是让士兵们排好队形,对抗敌人。虽然排兵布阵听起来简单,但实际操作却极为考验指挥官的军事才能:以什么样的队形出战,获胜的概率最大?谁在前面,谁在后面?相互之间应该怎样配合?这些都是指挥官们要考虑的事情。除此以外,指挥官还要考虑敌我双方的兵力、气候、地理、人文环境等因素,做出最合理有效的战术安排。著名的军事家孙膑所著的兵书《孙膑兵法》中就记载了方阵、圆阵、疏阵、数阵、锥形之阵、雁行之阵等十大阵法。

诗词中的"吴钩"

《封神演义》中普贤真人的兵器是吴钩剑,后来又传给了弟子木吒。"吴钩"两个字可大有来头哦!

吴钩是一种弯曲形状的刀,类似于砍柴用的镰刀,相传是春秋时期的吴王阖闾(hé lǘ)下令让人打造的。不过,到了唐朝时期,它竟然摇身一变,成了文人墨客的宠儿。原来,文人墨客们觉得弯曲的吴钩形态和笔直锋利的兵器比起来,显得格外优雅,于是便经常把吴钩用在诗词中,并且它的意义已经超出了兵器本身,变成了汉族文化的象征。下面,就来欣赏一下诗词中的"吴钩"吧。

吴钩明似月,楚剑利如霜。

——唐·张柬之《出塞》

男儿何不带吴钩,收取关山五十州。

——唐·李贺《南园十三首·其五》

上马带吴钩,翩翩度陇头。

——唐·岑参《送人赴安西》

你知道吗?

"慈航"是一个佛教用语,寓意带人脱离苦海,就像乘着船救人的性命一样。普度众生、大慈大悲的观音菩萨就被尊称为慈航大士。不过,观音菩萨属于佛教人物,而《封神演义》中的慈航道人则是道教弟子,二者并不是同一个人。

互动小课堂

1. 为加点的汉字选择正确的读音。

忧心忡忡　　A. chōng　　B. chóng

阐教　　　　A. chán　　　B. chǎn

天旋地转　　A. zhuàn　　B. zhuǎn

不省人事　　A. shěng　　B. xǐng

2. （判断题）赤精子用太极图破了"落魂阵"。（　　　）

3. 用下划线 _____ 画出第2自然段的中心句。

4. 请你根据文章内容，完成下面的表格，用正确信息填空。

阵法名	破阵人	护住自己的法宝	收服对手的法器
天绝阵			
地烈阵			
风吼阵			
寒冰阵			

互动小课堂

参考答案

1. A，B，A，B

2. ×

3. 这一次闻太师从金鳌岛上找来十个帮手，摆了一个十绝阵。

4.

阵法名	破阵人	护住自己的法宝	收服对手的法器
天绝阵	文殊广法天尊	莲花	遁龙桩
地烈阵	惧留孙	祥云	捆仙绳
风吼阵	慈航道人	定风珠	清净琉璃瓶
寒冰阵	普贤真人	祥云八角金灯	吴钩剑

第二十回

众仙共破十绝阵（下）

广成子破"金光阵"

十个道人摆下的十绝阵，被姜子牙请来的神仙攻破了四阵。四位神仙破阵归来神气活现的样子，让广成子十分羡慕。于是，他自告奋勇要破第五阵——"金光阵"。

"金光阵"中立着二十一根杆子，每根杆子上都有一个圆形的东西，被黑色的套子套着。广成子正好奇套子里面是什么，金光圣母忽然拉起杆子上的一根绳子，黑色的套子齐刷刷地收了起来，霎时间，一道道刺眼的光芒从杆子上射出来。原来，黑色套子套着的是二十一面镜子。

镜子快速旋转,霎时间雷声阵阵,一道道金光冲着广成子射过来。广成子赶忙把八卦仙衣打开,把自己从头到脚遮起来。金光一闪一闪地照到八卦仙衣上,却伤不到广成子一根毫毛。广成子稳了稳神,从八卦仙衣中扔出番天印,打碎了十九面镜子。

金光圣母气急败坏,拿起剩下的两面镜子逼近广成子,却被广成子的番天印打了个正着,惨叫一声倒在地上。

太乙真人火烧孙良

广成子破了"金光阵",得意扬扬地回到芦篷,身后忽然传来一声怒吼:"真是欺人太甚!我要为死去的道友报仇雪恨!"

众仙定睛一看,原来是"化血阵"的守阵人孙良。孙良骑着一头黄斑鹿,怒目圆睁,杀气腾腾,举着剑朝人群中劈过来。

"孙良休要张狂!"太乙真人用剑挡住孙良,二人你来我往打了几个回合,孙良虚晃一招,进入"化血阵"中,太乙真人紧随其后。

孙良见太乙真人已经上钩,趁其不备撒下一把黑砂。这黑砂只要沾到人的衣服,人顷刻之间就会化成一摊血水。不过太乙真人十分机敏,进"化血阵"的时候,先用祥云护住了自己。黑砂根本沾不到他的衣服。

"哼,雕虫小技,岂能伤得了我?"太乙真人冷笑一声,祭出九龙神火罩,罩住了孙良。轰的一声,罩内燃起熊熊大火,刹那间把孙良烧成了灰烬。

陆压大破"烈焰阵"

接二连三的失败,让闻太师心里越来越没底。他让剩下的四位道友暂时休战，找来了一个新的帮手——赵公明。赵公明法术高明，接连打伤了几位西岐请来相助的神仙，就连燃灯道人都不是他的对手。正当大家一筹莫展之际，从西昆仑来了一位陆压道人，他传授给姜子牙一套法术。姜子牙依言而行，果然将赵公明这个祸害除掉了。大家刚松一口气，"烈焰阵"的守阵人白礼又开始叫阵，气焰十分嚣张。

陆压道人却微微一笑，从众仙中轻盈跃起，踏入"烈焰阵"中。只见他立刻就被炽热的火焰包裹起来，这火焰集齐了地下火、天上火、三昧火的威力，别说普通人了，就是神仙眨眼之间也能被烧成灰烬。然而，大火熊熊燃烧了两个时辰，陆压却毫发无伤，反而愈发精神焕发，甚至高声唱起歌来。

"你到底是什么人?为什么不怕火?"白礼惊讶不已。

"哈哈……我本来就从火中修炼而来,跟火是一家子的!"陆压说着话,拿出一个葫芦,葫芦现出一道三丈高的白光,白光里出现一个七寸高的宝物,有眉毛有眼睛。只见那两只眼睛射出两道白光,罩在了白礼身上,白礼顷刻间就没命了。

陆压收了葫芦,刚刚走出"烈焰阵",一个声音在身后响起来:"陆压别走,尝尝我这'落魂阵'的厉害!"

赤精子拿回太极图

叫阵的不是别人,正是"落魂阵"的守阵人姚斌。这一战根本用不着别人动手,赤精子早就已经等候多时了。他冲进阵中,先在头顶生出祥云护住自己。姚斌撒出一把黑砂,就在黑砂快要碰到赤精子的时候,赤精子的衣服忽然变成了紫色,闪耀着夺目的光彩。黑砂停顿了片刻,哗啦一声掉在地上。原来,赤精子身上穿的是八卦紫寿仙衣。

姚斌见法术对赤精子不起作用,抄起宝剑就扑了过来。赤精子掏出阴阳镜照向姚斌,姚斌大叫一声栽倒在地,没有了气息。

赤精子拿着太极图回到芦篷,道德真君起身飞进"红水阵"中。"红水阵"的守阵人王变也有一个葫芦,但里面装满的是红色的水。交战的时候,王变把葫芦摔在地上,红水流出来沾到人,人就会化为血水,十分厉害。

道德真君把袖子一抖,一瓣莲花飘落而出。他踩在莲花瓣上,又用祥云护住身体,不让红水沾到自己,王变的法术也就不起作用了。

随后,道德真君取出五火七禽扇一扇,王变就化作一阵红灰归天了。

武王陷入"红砂阵"

十阵破了九阵,还剩下最后一阵——"红砂阵"。"红砂阵"极其凶险,必须要命里大富大贵的人才能破阵。而西岐当中最有福气的人,就是姬发。

燃灯道人在姬发的前胸后背各画了一道符,保护他的性命。随后,哪吒和雷震子保护着姬发进入"红砂阵"中,看见"红砂阵"正当中有个一人多深的大坑。

守阵人张绍发现来破阵的是不会法术的姬发,顿时信心十足,照着姬发撒下一把红砂,姬发躲闪不及,连人带马跌进深坑中。哪吒和雷震子见状,一起来攻打张绍,也被红砂打中,跌进了坑里。

一股黑气从"红砂阵"中冲出,姜子牙大叫一声:"不好,大王有难!"

燃灯道人说:"别急,大王命里该有一百天的劫难,一百天以后自然转危为安。"

这一百天里,张绍每天往姬发、哪吒和雷震子身上撒一把红砂。红砂像锋利的刀片一样,落在身上疼痛不堪。他们默默忍受着煎熬,直到一百天以后,南极仙翁破了"红砂阵"才把他们救了出来。

传统文化中的葫芦

你注意到了吗？在中国众多的神话故事中，葫芦常常作为法宝出现。为什么葫芦如此受欢迎呢？这是因为葫芦内部多籽，寓意着多子多孙、子孙昌盛。而且，葫芦的发音和"福禄"非常相似，所以，人们认为葫芦是福禄的象征，是一种非常吉祥的植物。

金色

你发现了吗？在《众仙共破十绝阵》的故事中，金色出现的频率特别高。这是因为金色在我国的传统文化中，具有非同一般的意义：

小麦、玉米、谷子等作物成熟的时候，都会呈现出金色。金色总是让人联想到丰收，让人有一种丰收的喜悦。

金色是金子的颜色，代表着财富和富贵。婚礼上，人们喜欢使用金饰，就是为了图个好彩头，希望以后的日子繁荣昌盛。

金色是皇权的象征，古代的皇室中经常使用金色的饰物，建筑和装饰也经常出现金色，以彰显皇家的权威。

金色还代表着神圣与祥瑞。佛教和道教中大人物出场的时候经常被赋予一道金光，就是为了渲染神圣高贵，让人敬而远之的氛围。

总之，金色在我们的传统文化中，代表着光辉和希望以及人们对美好生活的追求，是一种深受人们喜爱的颜色。

有趣的汉字 —— 嚚

"嚚"是一个会意字。会意字指由两个及两个以上的汉字组合成一个新的汉字。"嚚"由四个口和页组成：中间的"页"本义是人头，后来指人；而口表示嘴巴。它们组合在一起，共同传达出一个意象：一个人被许多张嘴巴围在中间。嘴巴是用来说话的，说话的人多了，就会变得喧闹不堪。因此，"嚚"的本意是人处在喧闹的环境中，是喧哗、吵闹的意思。后来"嚚"又引申出了轻狂、嚣张的意思。

你知道吗？

清虚道德真君使用的五火七禽扇是用五种火和七种神鸟的羽毛做成的：五种火指空中火、石中火、木中火、三昧火、人间火；七种神鸟指白鹤、青鸾、凤凰、孔雀、大鹏、鸿鹄、烈枭。

互动小课堂

1. 根据意思在文中找出恰当的成语写下来。

（1）形容十分得意的样子：_____

（2）比喻主动承担艰巨任务：_____

2. 找出句子中的错别字，在横线上改正。

这黑砂只要沾到人的衣服，人顷刻之间就会化成一滩血水。

_____

孙良见太乙真人已经上钩，趁其不备洒下一把黑砂。

_____

3. 根据文章内容，按顺序把下列故事情节重新排序。

①赤精子拿回太极图。

②姚斌用黑砂攻击赤精子，但被八卦紫寿仙衣挡住。

③赤精子进入"落魂阵"攻打姚斌。

④赤精子用阴阳镜击败姚斌。

正确的顺序是 _____

4. 故事中每一个神仙都有一个法宝，比如广成子的番天印，太乙真人的九龙神火罩，赤精子的阴阳镜，陆压的葫芦，道德真君的五火七禽扇。请你发挥想象力，给自己设计一个法宝，把它画出来，再用文字描述一下它的特征和厉害之处。

_____

_____

互动小课堂

参考答案

1. （1）得意扬扬

   （2）自告奋勇

2. "滩"改为"摊"；

   "洒"改为"撒"

3. ③②④①

4. 我设计的法宝是赤焰金线，是用中午时分最强烈的太阳光线制作而成的。它细如发丝，柔软无骨，能让世间万事万物瞬间化为灰烬。（答案不唯一）

第二十一回

绝龙岭闻仲归天

姜子牙大战闻太师

破了十绝阵以后,前来为赵公明报仇的五位道友也被姜子牙请来的神仙们想办法解决掉了,西岐士气大振。姜子牙决定乘胜追击,攻打闻太师。闻太师身边没有了法术高强的帮手,对付起来就容易多了。于是,大部分神仙们纷纷返回自己的洞府,只留下燃灯道人、云中子、广成子、赤精子几位神仙继续帮助姜子牙。

姜子牙把西岐周围的环境仔细研究了一番,做好了周密的安排。随后,他率领黄飞虎等人直冲殷商大营,与闻太师展开了一场激烈的战斗。这一仗打得天昏地暗,西岐的士兵越战越勇,而殷商的士兵节节败退。

闻太师急得双眼通红，拼尽全力在战场上厮杀，忽然，他猛一回头看见姜子牙祭出了打神鞭，大叫一声："不好！"

话音还没落地，打神鞭已经打中了他的左肩。他捂住肩膀的空档，看见后营中火光冲天，士兵们仓皇呼喊："不好了，粮草着火了！"

与此同时，西岐的士兵们齐声高喊："西岐圣主！天命维新！纣王无道！陷害万民！投降西岐，受享安康！"

闻太师桃花岭遇袭

殷商的士兵们早已受够了打仗的苦，再加上对纣王暴政的无法忍受，听到这番话，大部分士兵纷纷放下武器，选择了投降。剩余仍在抵抗的士兵也已是溃不成军，无力扭转战局。

闻太师精通法术，想要独自脱身并非难事，可他不忍心丢下和自己一起征战沙场的将士们，便拼上老命，带着他们逃出重围奔向佳梦关。好不容易逃到了桃花岭，山头上突然有人大喝一声："闻仲，哪里走！"闻太师一惊，看见广成子正气势汹汹地朝自己逼近，眼中满是敌意。

"广成子，你不要欺人太甚！"

"如果你不过桃花岭，我们井水不犯河水。如果你非要过这桃花岭，那我绝对不答应。"

"虽然我闻仲打了败仗，但也绝不能忍受这样的屈辱。"

闻太师提着金鞭扑了过来，广成子用剑去挡。当啷啷，兵器相撞，火花四射。

广成子守在桃花岭，就是为了截断闻太师去佳梦关的路。因此，他速战速决，祭出了番天印。

好汉不吃眼前亏，闻太师知道番天印的厉害，立刻调转人马，往燕山的方向跑去。

闻太师痛失墨麒麟

他们狼狈不堪地跑到半路，又被赤精子用阴阳镜挡住了去路，只能再次调转方向，往青龙关的方向跑去。可是这条路也被哪吒和黄天化截断了。闻太师叫天天不应，叫地地不灵，好像一头困兽，左奔右逃，却发现四周的道路都已经被堵死。

晚上，闻太师看着少得可怜的残兵败将，正在伤感，忽然看见姜子牙和姬发正在前面山上嘲笑自己。他气愤地扑上去，却发现山上空空如也，连姜子牙和姬发的影子也没有。他长出一口气，刚刚稳住

心神，恍惚间又听见山下传来震耳欲聋的击鼓声和喊杀声，他着急忙慌地跑到山下查看情况，结果和刚才一样，一个人也没有。一回头，山上姜子牙和姬发又在嘲笑他，他气冲脑穴，又折返往山上杀去，到了半山腰突然一只"大鸟"飞冲出来，朝着他举棍便打。

"哪里来的无名小卒，竟然敢偷袭我？"

"我是雷震子！"雷震子手拿黄金棍狠狠劈下来，闻太师往旁边一闪，黄金棍打在墨麒麟身上，墨麒麟顿时丧命。这时，闻太师的部将辛环赶来，截住了雷震子，护住闻太师逃走，自己却被雷震子一棍打死。

杨戬变身指路

闻太师失去了陪伴多年的坐骑，心里翻江倒海的，非常不是滋味，下山后呆呆地坐到天亮。可现在不是难过的时候，逃命要紧。他组织残兵，决定再去青龙关碰碰运气。但他们对这里的地形不太熟，不知道离青龙关还有多远。恰好这个时候，有个樵夫背着柴走过来，闻太师拦住樵夫说："这位小哥，请问这里距离青龙关还有多远？"

"不远了，"樵夫用手指着西南方向说，"从这往前走十五里，就是去青龙关的大路了。"

闻太师谢过樵夫，心里稍稍松了一口气。但他万万没想到，这个樵夫是杨戬变的。杨戬怎么会让他们逃去青龙关呢？他要把闻太师引到绝龙岭，云中子和燃灯道人正在那里等着呢。

闻太师一心逃命，没有心思细想这么多。他带着一行人往前走，越走越觉得不对劲。通往青龙关的大路应该越走越平坦，可这条路却越来越险峻，越走越荒凉。四周山高林密，一阵阵冷风吹过来，让人脊背发凉。

闻太师命丧绝龙岭

"大家小心,此处恐怕会有埋伏。"闻太师刚说完,云中子飘然而至,问道:"闻仲,你可知道这是什么地方?"闻太师疑惑地摇摇头。云中子一字一顿地说:"这是绝——龙——岭!"

听到"绝"字,闻太师的脑海中顿时"轰"的一声巨响。他下山之前,师父曾经说过,他日后不能碰见"绝"字,否则就会没命。闻太师突然明白,为什么之前遇到的广成子、哪吒、雷震子等人,只是拦住他的去路,却没有伤害他。原来,他们是要把自己逼到绝龙岭。这样他们杀了自己,就可以光明正大地说是顺应天意。

"姜子牙算计得可真狠啊！"闻太师气得急火攻心，要和云中子拼命。云中子用手一指，地上生出八根通天神火柱，将闻太师困在当中。云中子继续发功，每一根柱子上出现四十九条火龙，呼呼地往外喷火。闻太师口中默念着避火诀飞身而起，想要逃离通天神火柱，哪知上面早就被云中子用燃灯道人的紫金钵盂（bō yú）扣住。他猛地向上一冲，狠狠撞在紫金钵盂上，头上的冠都被磕掉了，披头散发地重重跌回火海之中。云中子在外面发雷，四处霹雳声起，瞬间将闻太师化为了灰烬。一代忠臣良将，纣王的主心骨，最后落得个这样的下场，让人唏嘘不已。

中华瑰宝——成语

成语是中华民族的文化瑰宝,它们源自古代的历史故事和经典著作,是从古流传至今的固定短语,一般都含有较为深刻的意义,读起来也朗朗上口。

成语大多数由四个字组成,但也有三字成语,如:安乐窝、瓮中鳖、白眼狼;五字成语,如:千里送鹅毛、烈火见真金等;六字成语,如:五十步笑百步、三寸不烂之舌、九牛二虎之力等;七字成语,如:初生牛犊不怕虎、近水楼台先得月等;甚至八字成语,如:八仙过海各显神通、江山易改本性难移等。

古人对火的崇拜

远古时期,人类最初接触的火是雷击树木产生的自然之火,很快人类就发现火不但能给人带来光明和温暖,还能驱赶野兽、加热食物,但这个时候人类使用的依然是自然之火。后来燧人氏发现了钻木取火的方法,让人类摆脱了对自然之火的依赖。之后,人类进一步认识到火不仅可以照明、烹煮食物,还可以用于制陶、冶炼金属以及在战争中发挥重要作用,是人类不可或缺的资源。因此,人类对火更加敬畏与崇拜了。

井水不犯河水

井水不犯河水，从字面意思看是井中的水与河中的水互不侵犯，但古时候，这个成语中的井水与河水，却和水一点儿关系也没有，而是指天上的星星。

古人喜欢通过观察天上的星星判断吉凶，他们把天上的星星划分为二十八个区，称为二十八星宿，其中有一个星宿名为井宿，就是我们现在所说的双子座，位置就在银河附近。

而银河附近还有两个著名的星座：东河和南河。东河、南河与井宿都在银河附近，距离很近，但它们在各自的地盘上，互不干扰。于是，就有了"井水不犯河水"的说法，用以形容彼此界限分明，互不侵犯的状态。

为什么古人把战场称为"沙场"？

古时候，中原地区经常受到游牧民族的侵扰。而那个时候的游牧民族主要聚居在西北方的沙漠地区，于是，"沙场"就成为战场的代名词。

诗人们特别偏爱"沙场"这个词，大概是因为在沙漠中打仗，扬起的阵阵黄沙和战士们的厮杀声、兵器碰撞声、马蹄声交织在一起，把残酷的战争烘托得淋漓尽致，让人由衷地感叹，久久不能忘怀。下面来欣赏一下描写沙场的千古名句，体会战场上的英雄气概吧。

醉卧沙场君莫笑,古来征战几人回?

——唐·王翰《凉州词》

八百里分麾下炙,五十弦翻塞外声。沙场秋点兵。

——宋·辛弃疾《破阵子·为陈同甫赋壮词以寄之》

百战沙场碎铁衣,城南已合数重围。

——唐·李白《从军行·其二》

你知道吗?

鞭是古代的一种兵器,分为软鞭和硬鞭。软鞭是用皮革编成的,常见的有七节鞭和九节鞭,不使用的时候可以缠在腰上,非常便于隐藏或者携带。硬鞭一般是用铜或铁做成的,外形看起来像一根大铁棒。

互动小课堂

《绝龙岭闻仲归天》这篇文章中包含了闻仲与姜子牙、广成子、赤精子、哪吒和黄天化、雷震子、云中子和燃灯道人的六场战斗,其中有一些战斗的过程和结果是非常相似的,如果把每一场战斗的过程都详细地写出来,整个故事就是一笔流水账,没有主次,也会让人觉得没有意思。因此,在写作的过程中,作者把对故事进展起着重要作用的部分进行详写,把相似但又不能省略的内容进行略写,只用一两句话交代一下。这种写作方法叫作"详略搭配法"。

采用详略搭配法写文章,首先要清楚哪些部分是主要内容,是需要详细描写的;哪些部分是次要内容,可以简略描写。下面请你列出一个写运动会的提纲,标出哪部分应该详写,哪部分应该略写。

提纲	详写还是略写
_____	(　　　)
_____	(　　　)
_____	(　　　)
_____	(　　　)

互动小课堂

参考答案

交代时间和地点,略写

描写运动会上热闹的氛围,略写

描写一位让人印象深刻的运动员,详写

描写"我"的感想,详写

第二十二回

土行孙归伏西岐

土行孙加入殷商阵营

闻太师归天的消息传到朝歌以后,纣王痛心不已,决心要为闻太师报仇。但谁能担起这个重任呢?纣王思来想去,想到了邓九公。邓九公是一位久经沙场的老将,作战经验十分丰富,并且他的女儿邓婵玉有一独门暗器——五光石,可以神不知鬼不觉地把敌人打下马。

邓九公一出战就被哪吒的乾坤圈打伤了,邓婵玉为父出战,用五光石把哪吒、黄天化和龙须虎打伤了。杨戬也没能逃过,脸上挨了几石子。不过,好在他身负七十二般变化,并无大碍,还放出哮天犬把邓婵玉咬伤了。

邓九公正在发愁接下来应该派谁出去对战,一个半人高的小矮人从队伍中站出来,高声说:"末将愿意出站。"

这个小矮人名叫土行孙,是惧留孙的徒弟。说来也怪,之前惧留孙还帮助姜子牙一起破了十绝阵,他的徒弟怎么跑到殷商的阵营中去了呢?

这还要从申公豹说起。申公豹是姜子牙的师弟,论法术和实力,他都比姜子牙高出不少。但元始天尊认为申公豹心术不正,把封神的任务交给了姜子牙。申公豹气不过,所以专门和姜子牙作对。

土行孙捉住哪吒

姜子牙要助周伐纣，申公豹就凭着一张巧嘴，说服一些得道之人去帮助商纣。听说邓九公要率兵攻打西岐，申公豹就说服土行孙加入邓九公的军营中。但邓九公见土行孙身材这么矮小，根本看不起他，还是看在申公豹的面子上，才让他负责押运粮草，根本没打算派他上阵杀敌。

让邓九公没想到的是，危难时刻只有土行孙挺身而出了，土行孙还拿出丹药，为邓九公和邓婵玉疗伤。次日，土行孙拖着一根宾铁棍来到阵前叫道："土行孙在此，谁敢出来迎战？"

哪吒听见声音，踩着风火轮飞到阵前，看见土行孙的样貌，忍不住哈哈大笑："原来是个小矮人啊！"

"先别急着以貌取人，你敢从轮上下来跟我打吗？"

"下来就下来。"于是哪吒跳下风火轮与土行孙开战。土行孙个子矮小灵活，在哪吒身下钻来钻去，哪吒的腿和胯上被他拿棍打了两下。哪吒被打急了，拿着乾坤圈要打土行孙。可他还没来得及动手，就被土行孙的捆仙绳死死捆住，无论如何也挣脱不开。

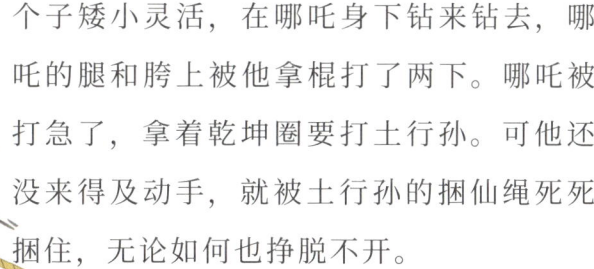

土行孙活捉了哪吒！这个消息同时让西岐和殷商的军营炸开了锅。

姜子牙设计捉拿土行孙

黄天化不服气，气势汹汹地前来挑战，也被土行孙用捆仙绳捉住了。就连姜子牙也被捆仙绳捆住，差点被土行孙抓去。众人把姜子牙抢回营中，在元始天尊所赐符咒的帮助下解开绳索。杨戬认出这是惧留孙的捆仙绳，但姜子牙不相信惧留孙会害自己。

第二天，土行孙与杨戬交战，用捆仙绳捆住了杨戬，但杨戬变成石头逃走了。回营之后，土行孙越想越着急。原来邓九公曾经许诺，如果土行孙能攻下西岐，就把女儿邓婵玉嫁给他。土行孙心急如焚，决定夜探西岐大营，杀了姬发和姜子牙。

晚上，土行孙站在地上把身子一扭，钻到地下消失不见了，邓九公高兴道："土行孙竟然有这么大的本事，看来攻破西岐指日可待了。"

土行孙用地行之术片刻之间从殷商的军营地下来到了西岐的军营地下。他从地底下钻出来，到了姬发的营帐中。姬发睡得正香，土行孙举刀就砍，不料姬发猛地睁开眼睛，反身扭住土行孙的胳膊。原来姜子牙提前卜算出土行孙会来行刺，特意让杨戬变成姬发等着他呢。

杨戬押着土行孙来到姜子牙面前，谁知土行孙十分狡猾，往下一挣，钻到土里逃走了。姜子牙无奈地叹气，杨戬说："师叔别急，既然捆仙绳是惧留孙的，那我去他那里打探一下土行孙的底细。"

惧留孙收服土行孙

杨戬到了夹龙山得知土行孙是惧留孙的徒弟，而惧留孙这才知道土行孙偷了他的捆仙绳去助纣为虐了，顿时又急又气，跟着杨戬来到西岐，一起捉拿土行孙。

姜子牙骑着四不相来到殷商的军营外面，假装打探军情，把土行孙引了出来。土行孙看见姜子牙主动送上门来激动万分，随手甩出捆仙绳，可是那捆仙绳忽的一下飞到了半空却迟迟不落下来。土行孙抬头一看，师父惧留孙正在头顶上怒目圆睁地盯着自己呢。他吓出一身冷汗，翻了个跟头，头朝下就要往地下钻，但惧留孙把地面变得比铁板还硬。土行孙试了几次都没有成功，只能乖乖投降了。

回到西岐以后，惧留孙气愤地说："你好大的胆子，不但助纣为虐，竟然还敢来刺杀姬发和姜子牙！"

土行孙说："一开始我只是想立功享受荣华富贵，但我抓住哪吒和黄天化后，邓九公说我要是攻下西岐，就把女儿许配给我，我才斗胆来刺杀的。"

邓九公归顺西岐

惧留孙长叹一声，对姜子牙说："也不怪土行孙，他和邓婵玉确实该有一段姻缘，而且那邓婵玉和邓九公都是可用之才。我看，倒不如利用这个机会，让他们父女俩都归顺西岐。"

姜子牙觉得惧留孙的话很有道理，便派散宜生去殷商的军营中提亲。邓婵玉是邓九公的独生女、掌上明珠，邓九公怎么舍得把她嫁给一个小矮人呢？但姜子牙他们实在难以对付，所以他假意答应让姜子牙带着土行孙来入赘（zhuì），实际上做好了安排部署，准备瓮中捉鳖。

姜子牙可没那么傻，他早就料到邓九公会来这一招，于是将计就计，让土行孙捉走了邓婵玉。土行孙动之以情晓之以理，说服了邓婵玉归顺西岐。其实，这土行孙虽然身材矮小，但本性不坏，而且很有本事，邓婵玉对他也心生好感。于是，两人在大家的祝福下结为夫妇。邓九公虽然心里不乐意，但也没办法阻拦，只能跟着女儿一起归顺西岐了。

哮天犬

哮天犬是杨戬身边的一只神狗。民间把哮天犬称为天狗，传说它原本是后羿的一只猎犬。

后羿射日立了大功，王母娘娘给了他一粒仙丹作为奖赏。嫦娥背着后羿吃下仙丹，变成神仙飞到了天上。猎犬把碗中剩余的仙丹药渣舔干净，飞起来去追嫦娥。嫦娥吓得躲进月亮中，猎犬就一口吞掉了月亮。王母娘娘认出它是后羿的猎犬，就封它为天狗，让它吐出了月亮。这就是天狗吞月亮的传说。

古时候，人们不知道月食是怎么回事，因此借助神话想象，诞生了天狗吞月的传说。每当月食发生，人们就敲锣打鼓、燃放爆竹，想赶跑天狗，让月亮出来。

以貌取人

哪吒和黄天化以貌取人，结果被土行孙捉住了。你知道吗，圣人孔子也曾以貌取人。

孔子有一个叫子羽的弟子长得很丑。孔子单凭他的外貌，就认为子羽没有才气。可是，后来经过长期接触和了解，孔子才慢慢发现子羽德才兼备。这时孔子才意识到，以貌取人是非常不可取的。

瓮中捉鳖

北宋末年，皇帝昏庸无道，百姓生活困苦。各路英雄好汉齐聚梁山，准备举兵起义。其中有一个叫李逵的好汉，性格十分鲁莽。

有一天，李逵下山来到一家酒馆喝酒，发现酒馆的掌柜愁眉苦脸的，便好奇地问道："掌柜的，有什么难事跟我说，我给你做主。"掌柜是一位老汉，叹着气说："这位英雄有所不知，刚才有两个人把我的女儿抢走了。""竟然有这样的事，是谁干的？"李逵问道。老汉说："一个叫宋江，一个叫鲁智深。他们还说要把我女儿带到梁山上，给宋江做压寨夫人。"

李逵大吃一惊。宋江是梁山的当家人，英雄们的领袖，一向德高望重，怎么会强抢民女呢？但李逵没想那么多，气冲冲来到梁山上找宋江和鲁智深理论。宋江和鲁智深为了洗清冤屈，当面和老汉对质。老汉摇着头说："不对啊！抢走我女儿的不是这两个人。"原来是有人冒名顶替，要坏宋江和鲁智深的名声。

过了几天，那两个冒名顶替的人又来到酒馆。老汉把他们灌醉之后，告诉了宋江。宋江让李逵去捉拿他们，李逵拍着胸脯说："捉拿他们就像瓮中捉鳖，等我的好消息吧。"果然，李逵一到酒馆就把二人捉住，交给宋江处置了。

成语"瓮中捉鳖"比喻要捕捉的对象已经在掌握中，非常有把握的意思。

你知道吗?

申公豹是《封神演义》中的大反派,他和姜子牙是师兄弟,却因为嫉妒姜子牙,专门挑拨离间,一次又一次地引发截教和阐教之间的争斗,给姜子牙助周伐纣增加了许多困难。因此,民间流传着一句歇后语:申公豹的嘴——搬弄是非。

互动小课堂

1. 根据上下文意思，猜一猜"入赘"的意思是_____。

   A. 男子到女方家结婚落户　　B. 女子到男方家结婚落户

2. 选择书写正确、意思表达合乎逻辑的一个词语。

   A. 久经杀场　　　B. 安排部署　　　C. 指日可待

3. 根据文章内容，把空白处补充完整。

   土行孙用_____捉住了哪吒和_____，又去西岐大营中刺杀_____，结果中了_____的计，被_____捉住。但狡猾的土行孙钻入地下逃走了。

4. 土行孙捉住哪吒以后，西岐和殷商的军营都炸开了锅。"炸开了锅"在这里指的是什么意思？

   _____

5. 元始天尊把封神的任务交给姜子牙，申公豹因为这件事心生怨恨，说明他是一个什么样的人？

   _____

参考答案

1. A

2. C；A. 久经沙场；B. 安排部署不可以连用

3. 捆仙绳；黄天化；武王/姬发；姜子牙；杨戬

4. 指听到土行孙捉住哪吒的消息后，西岐和殷商的士兵们都十分震惊。

5. 说明申公豹是一个心胸狭窄、妒贤嫉能的人。

第二十三回

太极图殷洪绝命

殷洪奉命下山

邓九公归顺西岐以后，纣王又派冀州侯苏护讨伐西岐。苏护之前曾经发誓永不朝商，可是他的女儿妲己自从入宫以后，就被人们说成是祸国殃民的妖精，这件事一直压在苏护心里，让他抬不起头来。苏护接到纣王的圣旨后，心想："妲己迷惑纣王，作恶多端，使得天下人都怨恨我。现在我趁机带全家归降西岐，与众诸侯共同伐纣，别人就不会再嘲笑、数落我们苏家了，这对于我们苏家来说实在是好事一件。"于是，他带领大军浩浩荡荡地奔向西岐。但此事关系到一家人和将士们的生死存亡，苏护不敢贸然行事，只能摆开阵势，先和西岐开战。

这个时候，太华山云霄洞中的赤精子想派一位弟子去帮助姜子牙。猜猜他派的是谁？就是纣王的儿子殷洪。当初纣王要杀害亲生儿子殷郊和殷洪，广成子和赤精子出手相救，并收兄弟二人为徒。

赤精子对殷洪说："你师叔姜子牙助周伐纣正是用人之际，我想让你去助他一臂之力，但有一件事我很不放心。"

"师父有什么事不放心？"殷洪问。

赤精子说："你是纣王的儿子，我担心你顾念亲情去帮助纣王。"

申公豹说服殷洪

"师父放心,"殷洪义愤填膺地说,"纣王虽然是我的父亲,但他听信谗言,用酷刑残害了我的母亲,还要把我兄弟二人赶尽杀绝,我们早已经和这样的父亲一刀两断。我殷洪郑重发誓,如果我违背师父的教诲,定会灰飞烟灭。"

赤精子非常满意,把洞中的法宝阴阳镜、紫绶仙衣、水火锋全都交给了殷洪。殷洪下山走了没多远,遇到了申公豹。申公豹说:"殿下,这是要去哪里呀?"

殷洪一愣问道:"你怎么知道我的身份?"

申公豹说:"你是纣王的儿子,殷商未来的接班人,全天下的人都知道。"

"胡说!"殷洪愤怒地说,"纣王是我的杀母仇人,我现在奉师父的命令,去西岐帮助姜子牙讨伐他,为母亲报仇。"

"糊涂啊!太糊涂了!"申公豹摇摇头,"天底下哪有师父教儿子去杀父亲的?你的师父就是个糊涂虫,你被他蒙蔽了。你仔细想

想,如果你杀了纣王,殷商近六百年的基业就会落到别人手里,到时候你还有什么脸面去见你的列祖列宗啊!"

黄飞虎阴阳镜下丧命

"可是纣王他昏庸无道、滥杀无辜,全天下的人都在讨伐他。"

"纣王昏庸无道,那是他自己的事。你可以打败西岐,做一个开明仁义的好君王啊!天下人需要的是明君,这个明君不一定是姬发,也可以是你呀!"

"我曾经在师父面前发下重誓,如果不帮助姬发伐纣,将来便灰飞烟灭。"

申公豹轻蔑一笑:"一句话就让你不敢有所作为了?世上哪有灰飞烟灭的死法?等你夺了天下,还愁不能为母亲报仇吗?!"

殷洪被申公豹的话说动了,调转方向,来到苏护的军营中。第二天,他披挂上阵,高声叫道:"殷洪在此,西岐谁敢出来应战?"

听见殷洪的名字,黄飞虎大吃一惊:"莫非是当年被神仙救走的殷洪殿下?方弼(bì)和方相带着他们兄弟二人逃亡的时候,我还曾经帮过他们呢。"

黄飞虎带着众将来到

阵前,看见殷洪已经从十几岁的少年长成大小伙子,心中百感交集,但殷洪没有认出黄飞虎。两人交战了二十个回合,殷洪打不过黄飞虎,便取出阴阳镜,把白色的一面对准黄飞虎晃了晃,黄飞虎倒地身亡。黄天化赶来救父亲,也被阴阳镜一晃,跌下玉麒麟,被殷洪捉住了。

原来这阴阳镜一面是白色的,一面是红色的,白色的一面可以让活人变成死人,红色的一面可以让人死而复生。

殷洪痛下杀手

殷洪为了显摆阴阳镜的厉害,回到军营以后,又用红色的一面让黄飞虎他们活了过来。黄飞虎激动地说:"殿下,你不记得我了吗?我是当年放走你们的黄飞虎啊!"殷洪这才认出了黄飞虎,大吃一惊,赶忙给他们松绑,问黄飞虎为何投靠西岐。黄飞虎告知原委,殷洪听了之后,说:"救命之恩不可不报,但只此一次下不为例,你们走吧!"

殷洪放了黄飞虎和黄天化。黄飞虎回到军营以后,把阴阳镜的厉害之处告诉姜子牙。姜子牙皱着眉

说:"这阴阳镜是哪里来的?太厉害了。"

"师叔,我认得这面阴阳镜,"杨戬说,"这是赤精子师伯的宝物,我马上去请师伯下山。"

杨戬找到赤精子,说明来意以后,赤精子气得大叫一声:"哎呀,这个孽徒发下毒誓,现在竟然敢违背誓言、为非作歹,看我怎么收拾他。"

赤精子气呼呼地来到苏护的军营外,他虽然很生气,但心里还是念着师徒情分,打算好好教训一下殷洪,让他归顺西岐。谁知殷洪六亲不认,竟然想用阴阳镜要了赤精子的命,赤精子使用法术才逃过一劫,保住了性命。

殷洪灰飞烟灭

赤精子对殷洪彻底绝望,下定决心要除掉他,但自己的法宝都在殷洪手上。正在赤精子发愁之时,慈航道人来了。"赤精子不要发愁,用太极图就可以收服殷洪。"慈航道人提醒道。

赤精子点点头,把太极图变成一座金桥,让姜子牙前去叫阵,把殷洪引到了金桥上。殷洪站在桥上,突然一阵恍惚,一会儿看见纣王恶狠狠地要杀自己,一会儿看见黄妃笑盈盈地朝自己招手,一会儿又看见杨妃冷冰冰地看着自己。

他眨巴眨巴眼睛,忽然看见姜王后站在面前。"母亲!孩儿好想你啊!"殷洪扑通一声跪在地上。姜王后流着眼泪说:"殷洪,你不听师父的劝导,违背誓言,马上就要灰飞烟灭了。"

"我不想死,母亲,快救救我。"殷洪哭着朝姜王后扑过去,姜王后却消失不见了。殷洪知道自己犯了大错,抬头看到赤精子,慌忙跪拜求饶,可是已经太迟了。只见赤精子眼含热泪,把太极图一抖卷了起来,随后再把太极图展开,殷洪已经化作一缕烟尘消失得无影无踪了。

祖和宗

"祖宗"是一个固定的词汇,泛指祖先。那么你知道"祖"和"宗"分别是什么意思吗?它们之间有什么关系呢?

"祖"指的是有血缘关系的直系先辈,如:父亲、爷爷、曾爷爷等。而"宗"指的是有共同祖先的宗族,比如周文王有100个儿子,每一个儿子就是一宗,周文王是他们共同的祖先。

古代的皇帝只有开国皇帝才能称为"祖",比如汉高祖、宋太祖,而继位得来的皇帝只能称为"宗"。

为非作歹

"为非作歹"形容做尽各种坏事的行为,这个成语出自我国元代尚仲贤的杂剧《洞庭湖柳毅传书》。

故事里有一个叫柳毅的读书人,冒着风雪去赶考,半路上他看见一个女孩正在荒野地中放羊。女孩身上穿着单薄的衣服,冻得瑟瑟发抖。柳毅心生怜悯,关切地上前询问:"姑娘,天气这么冷,你怎么还在放羊啊?为什么还不回家?"女孩哭着说:"我本是洞庭湖中的龙三公主,奉父王之命嫁给泾(jīng)水龙王的太子,没想到在婆家受尽欺凌,被他们逼迫到风雪中放羊。"柳毅觉得龙三公主十分可怜,便让她写了一封信,并自告奋勇去洞庭湖龙宫送信。

到了龙宫,柳毅把信转交给龙王,并把龙三公主受婆家欺凌的事告诉他。龙王还没开口说话,他的弟弟钱塘君早已经气得火冒三丈，带着虾兵蟹将冲到泾水龙宫，杀了太子，带着龙三公主回家了。

龙三公主对勇敢善良的柳毅心生好感，想要嫁给他。柳毅也很喜欢龙三公主，但他觉得自己帮助龙三公主并不是为了贪图回报，如果现在答应婚事，是乘人之危，便婉拒了。但这样一来龙三公主更加爱慕柳毅，便来到人间，化身成范阳卢家的女儿，钱塘君化身为媒婆，到柳毅家说媒，这才让柳毅和龙三公主有情人终成眷属。

你知道吗？

太极图是中国古代哲学和宇宙观的重要象征，它体现了阴阳学说的核心思想。太极图通常由一个圆形组成，内含两个相互融合的鱼形图案，一黑一白，代表阴阳两极。黑色部分通常被称为阴，白色部分被称为阳。在黑白两部分之间，还有一条S形的曲线，将两者清晰地区分开来，同时在黑色部分中有一个白色的点，在白色部分中有一个黑色的点，象征着阴中有阳，阳中有阴，体现了阴阳相互依存、相互转化的关系。

互动小课堂

　　有一副好口才，能让人做事事半功倍，达到出乎意料的效果。故事中的申公豹虽然是个反派人物，但不得不说，他的口才实在太好了。那么，他是怎样说服殷洪帮助纣王的呢？我们来分析一下：

　　首先，他用一声"殿下"，提醒殷洪，让殷洪重新注意到自己的身份。

　　接着，他又用"殷商未来的接班人"诱惑殷洪。

　　当殷洪拒绝以后，他又用纲理伦常的道德标准指责殷洪的师父赤精子，让殷洪开始怀疑自己的师父。

　　紧接着，申公豹又抛出了"做一个明君，夺取天下为母报仇"的巨大诱惑，击溃了殷洪心中的信念。

　　申公豹只是动动嘴，不用吹灰之力就给姜子牙找来一个大麻烦，他的口才真的让人佩服啊。

　　现在假设一下，如果你想要一部手机，但父母不同意，你会怎样说服他们呢？

_____

_____

_____

_____

互动小课堂

参考答案

爸爸妈妈，我知道你们不给我买手机，是担心我沉迷游戏，耽误学习。

你们全心全意为我着想，我心里非常感激。

但手机是生活中必不可少的工具，有了手机，我可以更加方便地和同学联系，加深我们之间的友谊，还可以在上面学到更多的知识。

请爸爸妈妈放心，我保证不会沉迷于手机游戏，而是会科学有效地利用好手机的。

第二十四回

广成子借旗除殷郊

殷郊要为殷洪报仇

殷洪死后,苏护总算找到机会归顺了西岐。纣王气得咬牙切齿,又派大将军张山讨伐西岐。

这天,张山正在岐山排兵布阵,一个三头六臂、青面獠牙的人来到他面前,怒气冲冲地问道:"殷洪真的是被姜子牙打死的吗?"

"你是谁?"张山惊奇地问。

"我是纣王的长子殷郊。"

"哎呀,殷郊殿下,真的是你呀?"张山煽风点火说,"殷洪殿下是被姜子牙害死的,他死得好惨啊。你一定要为他报仇啊!"

"气死我了!"殷郊抓起桌子上的令箭,咔吧一声折成两段,恶狠狠地说,"不杀姜子牙,我誓不为人!"

殷郊被仇恨冲昏了头脑,拿着番天印来到阵前,一口气打伤了西

岐的几员大将。杨戬看着殷郊手中的番天印说："奇怪，番天印是广成子师叔的法宝，怎么会在殷郊手上？"为了解开心中的疑问，杨戬来到了广成子的洞府。

师徒决裂

广成子听说殷郊下山后的所作所为，悔恨交加地说："殷郊是我的徒弟，我把番天印交给他，并让他长出三头六臂，就是为了让他去帮助姜子牙讨伐纣王。他下山之前答应得好好的，不知道为什么突然变卦了。唉，都怪我太轻信他了。我这就下山去收服他。"

广成子来到殷商的军营前，大声叫道："殷郊，快出来见我。"

"师父，你怎么来了？"殷郊兴冲冲地跑了出来。

"混账！"广成子大喝一声，"我让你助姜子牙他们伐纣，你为什么偏偏要去帮助殷商？"

"师父，"殷郊反问道，"姜子牙害死了我的弟弟殷洪，你为什么一直瞒着我？要不是申公豹告诉我，我现在还蒙在鼓里。姜子牙是我的仇人，你还要我为他卖命，这是什么道理？"

"你弟弟殷洪是违背誓言，遭受天谴而亡的，不关姜子牙的事。你到现在还不知错，看我怎么收拾你！"广成子说着举剑便刺，殷郊情急之下祭出番天印。广成子知道番天印的厉害，赶忙逃走了。

广成子借来四面旗

师父被徒弟打败了，说出去真不光彩。广成子咽不下这口气，但又没有办法对付殷郊，急得团团转。这时，燃灯道人来了。他说："要想破了番天印，必须要用离地焰光旗、青莲宝色旗、玉虚杏黄旗

和聚仙旗。"

广成子点点头:"玉虚杏黄旗在姜子牙手上,我现在就去把另外三面旗借过来。"

广成子从玄都洞借来离地焰光旗,又去西方极乐之乡借来青莲宝色旗,最后又请南极仙翁从瑶池借来了聚仙旗。

燃灯道人说:"光有四面旗子还不行,我们还需要几个帮手。"正说着,赤精子和文殊广法天尊来了。燃灯道人喜出望外,让文殊广法天尊拿着青莲宝色旗把守东方,赤精子拿着离地焰光旗把守南方,姬发和姜子牙拿着聚仙旗把守西方,他自己则拿着玉虚杏黄旗守在中央。

一切准备就绪以后,姜子牙让黄飞虎率领大军攻入殷商大营。张山见西岐大军来势汹汹,顿时吓破了胆,对殷郊说:"殿下,好汉不吃眼前亏,我们先退回朝歌再做打算吧。"

殷郊走投无路

"怕什么?"殷郊不以为意地说,"番天印在我手上,连我师父都害怕,别人就更不用提了。张山,随我一起出战!"

殷郊带领殷商大军倾巢而出,双方立即展开了一场大战,刀光剑影,短兵相接,霎时间杀得天昏地暗,日月无光。殷商的将领被接二连三地斩落马下,士兵们吓得抱头鼠窜,溃不成军。殷郊见大事不妙,奋力突出重围,想去朝歌借兵,文殊广法天尊突然挡在他面前说:"殷郊,速速下马投降!"

"想让我投降?白日做梦!"殷郊祭出番天印,文殊广法天尊晃动手中的青莲宝色旗,放出万道金光,中间现出一粒舍利子。那番天印本来要打下去的,现在却停在半空,翻来滚去就是落不下来。殷郊见番天印不灵了,赶忙把它收回来,调转马头往南边跑去。但他还没跑几步,又被赤精子用离地焰光旗拦住,只能再次调转马头往中央跑。这时,燃灯道人展开玉虚杏黄旗,拦住了殷郊的去路。

殷郊走投无路,正在危难之际,忽然看见姜子牙在正西方,大叫一声:"姜子牙,我要为我弟弟报仇雪恨!"

殷郊遭受犁锄之刑

殷郊冲到姜子牙跟前,祭出了番天印,却被姜子牙晃动聚仙旗从空中打落下来,又回到了殷郊手上。这时,姜子牙拿出打神鞭要打殷郊,殷郊拿着番天印往北边逃去,跑着跑着遇到一座山,无路可走了。

"番天印,给我打出一条路来。"殷郊用番天印砸向那座山,只听咔的一声巨响,山上真的出现了一条路,把山分成了两半。殷郊顺着山路往上跑,发现山路越来越窄,他正在纳闷,忽然发现路两边的山正在往中间夹。

"不好,上当了!"殷郊想要逃跑,但两座山却咔吧一声合在一起,把他死死地夹在了中间。燃灯道人出现在殷郊面前说:"广成子,我已经把山合上,接下来就交给你了。"

广成子赶着一头牛,推着一把耕田用的

犁慢吞吞地走过来，殷郊吓得大叫："师父，饶了我吧，我再也不敢了。"

"晚了，一切都晚了。"广成子抬起头收回眼泪，用犁锄之刑结果了殷郊的性命。

表示时间的词语

在写作文的时候,如果你想表达时间很短,或者时间流逝得很快,可以使用下面的词语:

刹那:表示极短的时间。

霎时:极短的时间,片刻。

弹指:比喻极短的一瞬间。

须臾:极短的时间,片刻。

瞬间:一眨眼的工夫,顷刻间。

相反,如果你想表达时间漫长,可以使用下面的词语:

度日如年:过一天像过一年那样漫长,形容日子难熬。

地老天荒:指经历的时间极久。

猴年马月:泛指未来的岁月。

穷年累月:形容连续不断,时间久远。

遥遥无期:指日期遥远得很。

万古千秋:形容延续的时间很久。

旗

"旗"在原始社会就已经出现了。那时候,人们打猎或者作战时为了召集本族的人,就用兽皮做成旗帜,在上面画上代表本族的动物图案,比如熊、狮子等。本族的人一看见这面旗帜,就会聚拢过来了。

后来旗帜的制作材料从兽皮变成了布、纸、绸等,经常用在战场上。在对外作战时,旗子上通常都有国号,比如魏国的旗帜上写着"魏"字。而军队中的最高将领也有自己的帅旗,上面通常写着自己的姓氏,比如诸葛亮率兵北伐时,旗帜上写着"诸葛"两个字。有时候将领还会使用有"前进""撤退""左转""右转"等字眼的旗帜指挥战斗。旗帜不但能迅速召集队伍,还能鼓舞士气,在战争中非常重要。

清朝时期,旗帜的使用进一步发展,形成了独特的八旗制度。八旗不仅是军事组织,也是社会管理的一种方式。通过八旗的划分,清朝有效地管理和控制了满族人口,同时也通过八旗制度来巩固其统治。八旗以旗帜的颜色区分为:正黄、正白、正红、正蓝、镶黄、镶白、镶红、镶蓝。随着清朝的灭亡,八旗制度也随之瓦解。但"旗"作为行政单位的名称,在内蒙古地区得以保留,比如土默特左旗、陈巴尔虎旗。

你知道吗?

古时候军中发布命令时,通常会使用一种较小的旗子,这种旗子的杆头上都有箭头,因此叫作"令箭"。后来"令箭"成为权力和命令的象征。成语"拿着鸡毛当令箭"比喻把有权势的人随口说出来的话当作命令,趾高气扬地来指使别人。

互动小课堂

1. 给下面的多音字组词。

混 hún（　　　）　　　说 shuō（　　　）
　　hùn（　　　）　　　　 shuì（　　　）

2. 根据上下文，写出下列词语的意思。

短兵相接：_____

蒙在鼓里：_____

走投无路：_____

3. 是谁用"殷洪被杀害"的消息让殷郊改变主意，和姜子牙反目为仇的？

_____

_____

4. 殷郊被山夹住以后，广成子慢吞吞地推着犁走来，"慢吞吞"一词反映出广成子什么样的心情？

_____

_____

5. 殷郊殷洪兄弟二人，都是临时改变主意，投靠殷商的大营。想一想，这背后有什么样的原因。

_____

_____

互动小课堂

参考答案

1. 混水摸鱼，蒙混过关；说话，游说

2. 短兵相接：刀剑相碰，形容战场场面十分激烈。

   蒙在鼓里：受人蒙蔽，对事情一无所知。

   走投无路：陷入绝境，没有出路。

3. 申公豹

4. 反映出广成子不忍心，但又无可奈何的心情。

5. 殷郊、殷洪意志不坚定，容易受人蛊惑。而且他们有私心，缺少了民族大义。